從生態理論觀點的社會支持與個人優勢調節少年身心健康與正向發展之關係研究－以澳門為例

Macao Youth Psychophysical Health and Positive Development: Social Support and Personal Strength as Mediators

羅寶珍 ◎著

自　序

　　青少年的精神健康問題在近年來都受到重大關注，在世界衛生組織（World Health Organization, 2018）官方網站的資料顯示全球有 10-20%的兒童和青少年受精神健康問題影響。青少年在成長路上必然遇上不同的挑戰與困惑，他們必須學習克服前進道路上的種種困難，才能在學習、工作與生活勇往直前。近年研究指出青少年的心理健康和他（她）犯罪、自殺及破壞性行為有關。因此，青少年的心理健康備受社會大眾關注。

　　2019 年研究的調查對象為 12~18 歲族群，探討澳門與台灣新北市少年的身心健康狀況，以自我報告（self-report）的方式填寫問卷，項目包括受訪者的基本資料、生活現況、生活困擾問題、抑鬱-焦慮-壓力量表（DASS-21）、家庭功能（C-FAI）和自我抗逆力（ERS），經澳門與台灣樣本對上述工具檢定皆有合乎量表之建構效度及不錯的一致性信度。本文對台灣樣本分析，新北市共發出 1200 份問卷，回收 1010 份，有效問卷 1009 份，有效回收率 84.1%。澳門研究的對象為就讀於澳門中學的初中及高中學生。從 57 所中學發出研究邀請信，最終獲得 10 所中學的同意參與本次研究。共有 2,400 份問卷發放至 10 所中學，經過辨析問卷資料的準確性、更正錯漏資料信度校正，以進行深入分析，回收有效問卷共 1,572 份，有效回收率 65.5%。2022 年研究研究採用配額立意抽樣方式抽取國中學生、高中學生、國中中輟學生、高中失學學生。研究對象來源：1.在學校體制為新北市公立國中 3 所、私立國中 3 所、公立高中 3 所、私立高中 3 所等各年級各選取三班在學學生；2.國中中輟學生、高中失學則以台灣北部兒少家園或關懷據點的青少年對象及 3.台灣北部一所私立大學居住新北市的私立大學學生，共發出 1600 份，回收問卷 1,510 份，回收率 94.375%，有效問卷 1,487 份，有效回答率 98.476%。2022 年少年身心健康研究目的在於了解青少年之生活、身心與健康狀況、休閒利用與期許以及青少年網路使用行為、人際關係、社會支持、自我堅毅力與心理健康之相關和少年網路使用行為、人際關係、

社會支持、自我堅毅力對心理健康預測力，以作為政府與少年實務工作人員研訂社會福利政策、提供預防與輔導之參考依據。

2025年仍依循2019年「少年情」的研究系列，一方面探討少年身心健康，並從 2019、2022 及 2025 年資料分別在山西、澳門與台灣做族群分析(cohort comparison)及三地之比較；另一方面，以少年身心健康為自變項，從生態理論觀點的社會支持資產(家庭支持、學校支持、同儕支持)及個人優勢作為調節變項(mediating variables)，進一步預測依變項：「少年正向發展」(youth positive development)。

本書主要依循2019年「少年情」的研究系列，在澳門地區共有2,624份有效問卷樣本，樣本來源主要居住於澳門地；少數居住於廣東省內地地區。在中國內地地區，本研究於2024年12月向山西省所中學發出邀請信，邀請中一至中六學生參加本次調查，採用立意抽樣方式發出1800問卷，總回收1610份，無效問卷117份，有效問卷1453份，回收率達89.44%，有效問率達90.24%。

本書共分五章：第一章研究源起、第二章文獻檢閱、第三章研究方法、第四章澳門研究結果與結論、最後，第五章分述自2019-2025年來「少年情」的研究系列的橫斷比較、族群分析及文化比較，以作為兩岸三地青少年心理健康，尤其在負向情緒狀態及生活困擾的參考。

本書的付梓實要感謝揚智文化事業有限公司葉總經理以及公司全體同仁的鼎力支持，除了付出心血，並用心、耐心和愛心，才能順利將本書出版，個人在此表達最誠摯的敬意與謝意。

羅寶珍　謹識

澳門，樂融山莊　2025

目　錄

自　序 i

目　錄 iii

表　次 iv

圖　次 ix

第一章　緒論 1

第二章　文獻檢閱 7

 壹、暴力傾向 7

 貳、單親學生日增 7

 參、色情氾濫 7

 肆、毒品誘惑 8

 伍、校園倫理式微 8

第三章　研究方法 17

 壹、研究架構與研究問題 17

 貳、抽樣方法及樣本來源 18

 參、研究工具 19

第四章　澳門研究結果與結論 25

 壹、研究結果 25

 貳、研究結論與建議 120

第五章　2019-2025兩岸三地青少年身心健康之連續研究 129

 壹、2019、2022、2025年青少年負向情緒狀態及生活困擾之橫斷比較 131

 貳、2019、2022、2025年青少年負向情緒狀態及生活困擾之族群比較 139

 參、2019、2022、2025年兩岸三地青少年生活困擾及負向情緒狀態之泛文化比較 .. 150

參考文獻 163

 一、中文部分 163

 二、英文部分 165

表　次

表 4-1　澳門地區青少年基本資料之次數分配表與百分統計表 27
表 4-2　澳門地區青少年最常使用的網路活動 28
表 4-3　澳門地區青少年生活困擾之現況分析摘要表 29
表 4-4　澳門地區青少年生活困擾變項之題項次數分配表與百分比統計表 30
表 4-5　澳門地區青少年情緒狀態之現況分析摘要表 31
表 4-6　澳門地區青少年情緒狀態變相之題項次數分配表與百分比統計表 32
表 4-7　家人社會支持量表之現況分析摘要表 34
表 4-8　澳門地區青少年家人社會支持量表變相之題項次數分配表與百分比統計表 35
表 4-9　同儕社會支持量表之現況分析摘要表 36
表 4-10　澳門地區青少年同儕社會支持量表變相之題項次數分配表與百分比統計表 36
表 4-11　老師或政府機構社會支持量表之現況分析摘要表 37
表 4-12　澳門地區青少年老師或政府機構社會支持量表變相之題項次數分配表與百分比統計表 38
表 4-13　澳門地區青少年正向發展之現況分析摘要表 40
表 4-14　澳門地區青少年正向發展變項之題項次數分配表與百分比統計表 41
表 4-15　澳門地區青少年優勢力之現況分析摘要表 43
表 4-16　澳門地區青少年優勢力變項之題項次數分配表與百分比統計表 43
表 4-17　澳門地區青少年負向情緒狀態在性別之獨立樣本 t 檢定分析摘要表 47
表 4-18　澳門地區青少年負向情緒狀態在年齡之單因子變異數分析摘要表 48
表 4-19　澳門地區青少年負向情緒狀態在年級之單因子變異數分析摘要表 49
表 4-20　澳門地區青少年負向情緒狀態在現居地之獨立樣本 t 檢定分析摘要表 . 51
表 4-21　澳門地區青少年負向情緒狀態在教育程度之獨立樣本 t 檢定分析摘要表 51
表 4-22　澳門地區青少年負向情緒狀態在居住狀況之單因子變異數分析摘要表 52
表 4-23　澳門地區青少年負向情緒狀態在父母婚姻狀況之單因子變異數分析摘要表 53
表 4-24　澳門地區青少年負向情緒狀態在父母婚姻狀況之單因子變異數分析摘要表 54
表 4-25　澳門地區青少年生活困擾在性別之獨立樣本 t 檢定分析摘要表 55
表 4-26　澳門地區青少年生活困擾在年齡之單因子變異數分析摘要表 55
表 4-27　澳門地區青少年生活困擾在年級之單因子變異數分析摘要表 56
表 4-28　澳門地區青少年生活困擾在現居地之獨立樣本 t 檢定分析摘要表 57
表 4-29　澳門地區青少年生活困擾在教育程度之獨立樣本 t 檢定分析摘要表 57
表 4-30　澳門地區青少年生活困擾在居住狀況之單因子變異數分析摘要表 58

表 4-31 澳門地區青少年生活困擾在父母婚姻狀況之單因子變異數分析摘要表 59
表 4-32 澳門地區青少年生活困擾在父母婚姻狀況之單因子變異數分析摘要表 60
表 4-33 澳門地區青少年家人社會支持在性別之獨立樣本 t 檢定分析摘要表 61
表 4-34 澳門地區青少年家人社會支持在年齡之單因子變異數分析摘要表 62
表 4-35 澳門地區青少年家人社會支持在年級之單因子變異數分析摘要表 62
表 4-36 澳門地區青少年家人社會支持在現居地之獨立樣本 t 檢定分析摘要表 . 63
表 4-37 澳門地區青少年家人社會支持在教育程度之獨立樣本 t 檢定分析摘要表 63
表 4-38 澳門地區青少年家人社會支持在居住狀況之單因子變異數分析摘要表 64
表 4-39 澳門地區青少年家人社會支持在父母婚姻狀況之單因子變異數分析摘要表 65
表 4-40 澳門地區青少年家人社會支持在父母婚姻狀況之單因子變異數分析摘要表 66
表 4-41 澳門地區青少年同儕社會支持在性別之獨立樣本 t 檢定分析摘要表 67
表 4-42 澳門地區青少年同儕社會支持在年齡之單因子變異數分析摘要表 68
表 4-43 澳門地區青少年同儕社會支持在年級之單因子變異數分析摘要表 68
表 4-44 澳門地區青少年同儕社會支持在現居地之獨立樣本 t 檢定分析摘要表 . 69
表 4-45 澳門地區青少年同儕社會支持在教育程度之獨立樣本 t 檢定分析摘要表 70
表 4-46 澳門地區青少年同儕社會支持在居住狀況之單因子變異數分析摘要表 70
表 4-47 澳門地區青少年同儕社會支持在父母婚姻狀況之單因子變異數分析摘要表 71
表 4-48 澳門地區青少年同儕社會支持在父母婚姻狀況之單因子變異數分析摘要表 72
表 4-49 澳門地區青少年老師或政府機構社會支持在性別之獨立樣本 t 檢定分析摘要表 73
表 4-50 澳門地區青少年老師或政府機構社會支持在年齡之單因子變異數分析摘要表 74
表 4-51 澳門地區青少年老師或政府機構社會支持在年級之單因子變異數分析摘要表 75
表 4-52 澳門地區青少年老師或政府機構社會支持在現居地之獨立樣本 t 檢定分析摘要表 76
表 4-53 澳門地區青少年老師或政府機構社會支持在教育程度之獨立樣本 t 檢定分析摘要表 76
表 4-54 澳門地區青少年老師或政府機構社會支持在居住狀況之單因子變異數分析摘要表 77
表 4-55 澳門地區青少年老師或政府機構社會支持在父母婚姻狀況之單因子變異數分析摘要表 78

表 4-56	澳門地區青少年老師或政府機構社會支持在父母婚姻狀況之單因子變異數分析摘要表	79
表 4-57	澳門地區青少年青少年正向發展在性別之獨立樣本 t 檢定分析摘要表	80
表 4-58	澳門地區青少年青少年正向發展在年齡之單因子變異數分析摘要表	81
表 4-59	澳門地區青少年青少年正向發展在年級之單因子變異數分析摘要表	82
表 4-60	澳門地區青少年青少年正向發展在現居地之獨立樣本 t 檢定分析摘要表	83
表 4-61	澳門地區青少年青少年正向發展在教育程度之獨立樣本 t 檢定分析摘要表	84
表 4-62	澳門地區青少年青少年正向發展在居住狀況之單因子變異數分析摘要表	85
表 4-63	澳門地區青少年青少年正向發展在父母婚姻狀況之單因子變異數分析摘要表	87
表 4-64	澳門地區青少年青少年正向發展在父母婚姻狀況之單因子變異數分析摘要表	89
表 4-65	澳門地區青少年青少年優勢力在性別之獨立樣本 t 檢定分析摘要表	90
表 4-66	澳門地區青少年青少年優勢力在年齡之單因子變異數分析摘要表	91
表 4-67	澳門地區青少年青少年優勢力在年級之單因子變異數分析摘要表	91
表 4-68	澳門地區青少年青少年優勢力在現居地之獨立樣本 t 檢定分析摘要表	92
表 4-69	澳門地區青少年青少年優勢力在教育程度之獨立樣本 t 檢定分析摘要表	93
表 4-70	澳門地區青少年青少年優勢力在居住狀況之單因子變異數分析摘要表	94
表 4-71	澳門地區青少年青少年優勢力在父母婚姻狀況之單因子變異數分析摘要表	94
表 4-72	澳門地區青少年青少年優勢力在父母婚姻狀況之單因子變異數分析摘要表	95
表 4-73	負向情緒狀態與家人社會支持 Pearson 積差相關	97
表 4-74	負向情緒狀態與同儕社會支持 Pearson 積差相關	98
表 4-75	負向情緒狀態與老師或政府機構社會支持 Pearson 積差相關	99
表 4-76	生活困擾與家人社會支持 Pearson 積差相關	100
表 4-77	生活困擾與同儕社會支持 Pearson 積差相關	100
表 4-78	生活困擾與老師或政府機構社會支持 Pearson 積差相關	101
表 4-79	負向情緒狀態與青少年正向發展 Pearson 積差相關	102
表 4-80	生活困擾與青少年正向發展 Pearson 積差相關	103
表 4-81	負向情緒狀態與青少年優勢力 Pearson 積差相關	104
表 4-82	生活困擾與青少年優勢力 Pearson 積差相關	104
表 4-83	家人社會支持與青少年正向發展 Pearson 積差相關	106
表 4-84	同儕社會支持與青少年正向發展 Pearson 積差相關	106

表 4-85	老師或政府機構社會支持與青少年正向發展 Pearson 積差相關	107
表 4-86	家人社會支持與青少年優勢力 Pearson 積差相關	109
表 4-87	同儕社會支持與青少年優勢力 Pearson 積差相關	109
表 4-88	老師或政府機構社會支持與青少年優勢力 Pearson 積差相關	110
表 4-89	青少年正向發展與青少年優勢力 Pearson 積差相關	111
表 4-90	各量表對青少年正向發展之能力多元逐步迴歸分析摘要表	112
表 4-91	各量表對青少年正向發展之自信多元逐步迴歸分析摘要表	113
表 4-92	各量表對青少年正向發展之自信多元逐步迴歸分析摘要表	114
表 4-93	各量表對青少年正向發展之自信多元逐步迴歸分析摘要表	115
表 4-94	各量表對青少年正向發展之自信多元逐步迴歸分析摘要表	118
表 4-95	少年心理健康與青少年正向發展之淨相關	119
表 5-1	成長研究之各種研究方法的優缺點	130
表 5-2	2019 年負向情緒狀態在教育程度之獨立樣本 t 檢定分析摘要表	131
表 5-3	2019 年生活困擾在教育程度之獨立樣本 t 檢定分析摘要表	132
表 5-4	2019 年負向情緒狀態在教育程度之獨立樣本 t 檢定分析摘要表	132
表 5-5	2019 年生活困擾在教育程度之獨立樣本 t 檢定分析摘要表	133
表 5-6	2022 年負向情緒狀態在教育程度之獨立樣本 t 檢定分析摘要表	134
表 5-7	2022 年生活困擾在教育程度之獨立樣本 t 檢定分析摘要表	135
表 5-8	2022 年負向情緒狀態在教育程度之獨立樣本 t 檢定分析摘要表	135
表 5-9	2022 年生活困擾在教育程度之獨立樣本 t 檢定分析摘要表	136
表 5-10	2022 年負向情緒狀態在教育程度之獨立樣本 t 檢定分析摘要表	136
表 5-11	2022 年生活困擾在教育程度之獨立樣本 t 檢定分析摘要表	137
表 5-12	澳門地區初中生負向情緒狀態在年度之單因子變異數分析摘要表	139
表 5-13	澳門地區初中生生活困擾在年度之單因子變異數分析摘要表	140
表 5-14	澳門地區高中生負向情緒狀態在年度之單因子變異數分析摘要表	141
表 5-15	澳門地區高中生生活困擾在年度之單因子變異數分析摘要表	142
表 5-16	台灣地區初中生負向情緒狀態在年度之單因子變異數分析摘要表	143
表 5-17	台灣地區初中生生活困擾在年度之單因子變異數分析摘要表	144
表 5-18	台灣地區高中生負向情緒狀態在年度之單因子變異數分析摘要表	145
表 5-19	台灣地區高中生生活困擾在年度之單因子變異數分析摘要表	146
表 5-20	內地地區初中生負向情緒狀態在年度之獨立樣本 t 檢定分析摘要表	147
表 5-21	內地地區初中生生活困擾在年度之獨立樣本 t 檢定分析摘要表	147
表 5-22	內地地區高中生負向情緒狀態在年度之獨立樣本 t 檢定分析摘要表	148
表 5-23	內地地區高中生生活困擾在年度之獨立樣本 t 檢定分析摘要表	148
表 5-24	2019 年澳門、台灣地區初中生負向情緒狀態在地區之獨立樣本 t 檢定分析摘要表	150
表 5-25	2019 年澳門、台灣地區初中生生活困擾在地區之獨立樣本 t 檢定分析摘要表	151

表 5-26 2019 年澳門、台灣地區高中生負向情緒狀態在地區之獨立樣本 t 檢定分析摘要表 152

表 5-27 2019 年澳門、台灣地區高中生生活困擾在地區之獨立樣本 t 檢定分析摘要表 153

表 5-28 2022 年兩岸三地初中生負向情緒狀態在區域之單因子變異數分析摘要表 154

表 5-29 2022 年兩岸三地初中生生活困擾在區域之單因子變異數分析摘要表 . 155

表 5-30 2022 年兩岸三地高中生負向情緒狀態在區域之單因子變異數分析摘要表 156

表 5-31 2022 年兩岸三地高中生生活困擾在區域之單因子變異數分析摘要表 . 157

表 5-32 2025 年兩岸三地初中生負向情緒狀態在區域之單因子變異數分析摘要表 158

表 5-33 2025 年兩岸三地初中生生活困擾在區域之單因子變異數分析摘要表 . 159

表 5-34 2025 年兩岸三地高中生負向情緒狀態在區域之單因子變異數分析摘要表 160

表 5-35 2025 年兩岸三地高中生生活困擾在區域之單因子變異數分析摘要表 . 161

圖　次

圖 3-1　本研究架構概念圖 17
圖 5-1　族群輻合研究 130

第一章　緒論

　　本研究是「少年情」的心理健康系列的第十年，亦是少年全人生命發展(life span development)的連續研究之第三次資料收集。本研究依據青少年的生命歷程(life course)從生態理論觀點在探討社會支持與個人優勢調節少年身心健康與正向發展之關係研究，並探討少年不同背景變項在社會支持與個人優勢調節少年身心健康與正向發展之差異情形以及此三個變項之間的關聯。

　　自青春期開始，青少年在生理、心理和社交方面都經歷快速的轉變；青春期伴隨著較急促的發展節奏容易為青少年帶來壓力和困擾，使情緒波動，甚至影響學業、社交和日常生活。但從成長的角度來看，青少年正好透過面對不同的挑戰，學習了解自己，鍛練解決問題、與人相處和控制情緒的能力，發揮潛能，令身心健康地發展。青少年在成長路上必然遇上不同的挑戰與困惑，他們必須學習克服前進道路上的種種困難，才能在學習、工作與生活勇往直前。青少年時期是一個很重要的成長階段，它不僅是個人進入成年的過渡期，也是個人尋求自我認同的主要階段，因此，個人在這個時期所形成的價值觀及行為模式，都對未來的發展有深厚的影響。青少年的精神健康問題在近年來都受到重大關注，在世界衛生組織（World Health Organization, 2018）官方網站的資料顯示全球有 10-20%的兒童和青少年受精神健康問題影響。

　　美國兒童中約有四百萬名兒童有身心健康的問題，而青少年有約 10%至 20%的人有心理上的困擾（USDHHS, 1999）。但不幸地，只有一半的人可以得到專業的幫助（Achenbach & Edelbrock, 1981）。在目前中國，有將近 20%的青少年兒童身心健康發展存在較大問題。另外，還有一些較為關鍵的部門對中、小學生做了一次抽樣調查，據調查分析結果可以發現，中學生中就已經有 50-30%左右的同齡孩子都患有不同嚴重程度的身心健康問題。心理困擾的程度嘗試以其行為表徵的形式來做判斷，Achenbach 和 Edelbrock（1981）將心理困擾正區分為兩類：

一、外在型精神衝突者：對外在世界展現衝突，例如，攻擊行為、犯罪行為或性問題者。

二、內在型精神衝突者：展現於內在精神（心理）之衝突，例如，憂鬱、焦慮、恐懼症、過胖症及身心症。

外在與內在的精神衝突是由於兒童、青少年社會化所造成。例如外在型精神衝突者常導因於有外顯行為問題的父母，而且其父母對子女並不關心，造成青少年、兒童學習用外顯行為表達其攻擊衝動；而內在型精神衝突者也有可能來自穩定的家庭，雖然父母很少有外顯行為問題，對子女很關心，過度期望孩子要有所表現及成就，但孩子卻不能迎合父母過度的期望。結果這些青少年、兒童反將壓力反應至其內心世界，形成內在的心理衝突（Achenbach & Edelbrock, 1981）。台灣於 2008 年針對青少年國中生做一調查，發出 3,960 份問卷，有效回收率 3,435 份，回收率達 87%，結果發現（健康雜誌，2008）：

一、國中生對自我體重滿意度偏低。

二、睡眠太少，易患注意力不集中。

三、有煩惱無處訴，三成想過自殺。

四、親子關係互動不佳。

五、缺乏性教育管道。

兒童與少年對於外在環境壓力是否具有內在的人格堅毅力、自我優勢和外部的社會支持，成為個人因應壓力的保護因子，以適度的調節內外在的困擾與衝突。

情緒發展亦是個體日後社會人格及是否具有良好的道德規範的目標，甚至也影響個體是否有物質濫用，憂鬱與自殺，學校適應等問題行為行為或精神疾病。此外，青春期由於伴隨的性腺的分泌，影響生殖器官的發育成熟，也造成青少年個體有了不同的體驗，如約會和性行為的互動，亦給予青少年個體有了不同的社會互動及心理改變，也造成個體之情緒影響。Furman 及 Brown（1999）

宣稱青春期洋溢著各種浪漫關係，更是個體歡樂的主要來源之一，然而是否發展有意義的浪漫關係是更有情感技能（Larson, Clore, & Wood, 1999）。青少年們正處於成長過程中的關鍵時期，最易受到週圍環境的影響，造成自我認定的混淆或盲從，甚至激發偏激思想與偏差行為，嚴重影響日後的發展。我們有責任幫助這些青少年瞭解自己，以及如何面對生活環境的衝擊，幫助他們學習因應及解決之道。

Erikson（1963）指出青少年階段最重要的「發展任務」乃係「自我認同」（self-identity）。青少年在自我尋覓的歷程中，經常感到徬徨、困惑與缺乏自我肯定是無法避免的，由此經由同儕的支持和認同以建立自我認同之態度、價值觀和人生方向尤為重要，青少年應於發展時期積極參與多元的社會角色與活動，從中探索未來可能發展方向，形塑自我價值體系，所有新的試探與嘗試皆可視為青少年成長過程中的新認同危機，可能會成功、可能會失敗、可能會帶來莫大的實現滿足，也可能僅是無覺的完成事件，這些人生歷程中所積累的各式抉擇與經歷將形成個體之自我認同，協助個體保持自我的連續性、順利適應社會需求，與社會他人發展良性互動關係，從而逐漸發展出青少年所認定的價值體系，並對此投入承諾感，此自我概念的連續性發展將有助於青少年個體的未來正向發展。心理學家已經找出青少年共同的人格特質，例如好奇、幻想、質疑、多變、矛盾及缺乏安全感......等思維與反應。有人認為，青少年的行為表現是利他而又自私的、盲目服從而又反抗權威的、理想主義卻又憤世嫉俗，或是最後給他們加上一個標籤，稱之為「叛逆期」。青少年期是一個過渡時期，除了發生許多身心方面如性徵上的變化之外，他們更在意的是追求情緒、社交與自我價值上的認同，這正是此一時期最主要的發展任務，也是青少年最大困擾之所在。在此特別提醒大人，千萬不要隨便貼青少年「標籤」；只要我們能耐下性子、陪在孩子的身邊，用心聆聽孩子的內在聲音，狂飆的青春期，就能安然度過。

健康促進的角度來看也是如此，青少年階段正是建立正確健康行為模式的

關鍵時期，也是行為養成的初期，因此若能針對誘發負向行為的因素，及早予以控制或改善，那麼個人不僅可享有健康之青少年期，甚至可以將身心健康延續至成年期或老年期。

歐盟兒童心理抗逆力檢視清單於 1995 年開始給學齡前兒童教師使用，以檢視幼兒的心理發展情形。這份清單源於 Benson（1998）等學者總結了數個研究結果，發展出一個整合模式。這個模式指出：當青少年在提供指引的家庭中，他們將會學習到政策和相關方案所教導的行為。Benson（1998）列出 40 種資產，包括有 20 種內在資產及 20 種外在資產這份清單的優點在於建構簡單清楚，分成「外在支持資源」、「個人內在資源」與「人際問題解決能力」三部分這份清單可讓老師、家長能夠瞭解，評估孩子的心理健康情形，助人專業也能知道從何種角度及內容來幫助孩子。此外，兒童健康心理團體在聯合國制定每年 10 月 10 日的「世界心理健康日」外，加拿大配合「國際兒童青少年心理健康日」，促進心理健康方面也推動兒少抗逆力（resilience）。澳洲相當重視孩子心理健康的建立，從幼兒園至青少年分別設有不同系統來推動校園心理健康促進政策，除了霸凌、自殺防治、毒品濫用外，自 2012 年更推動心理抗逆力。英國由國家兒童局（National Children's Bureau）提出全國兒童和學校推動心理健康促進政策，強調心理健康與各局處合作，並評估盛放結果。健康委員會（Health Committee）於 2014 年提出兒童與青少年心理健康服務（Child and Adolescent Mental Health Service; CAMHS）的組成。

本研究小組於 2019 年分別在澳門與台灣新北市進行青少年家庭功能、自我抗逆力與身心健康之關係研究，資料也於 2020 年分別在澳門和台灣分別發表。2020 年恰逢受新冠肺炎（COVID-19）快速散播及持續的影響，研究議題定為後疫情時代的青少年危機與轉機：社會關懷、融合促進與身心健康，2022 年研究聚焦於兩個焦點：(1) COVID-19 疫情下的社會趨勢下，青少年身心健康之影響為何？(2) 青少年網絡使用行為、人際關係、自我抗逆力、社會支持與身心健康

之關聯為何？2024年仍依循2019年少年情的研究系列，一方面探討少年身心健康，並從2019、2022及2024年資料分別在北京、澳門與台灣做族群分析(cohort comparison)及三地之比較；另一方面，以少年身心健康為自變項，從生態理論觀點的社會支持資產(家庭支持、學校支持、同儕支持)及個人優勢作為調節變項(mediating variables)，進一步預測依變項：「少年正向發展」(youth positive development)。

第二章　文獻檢閱

　　社會化的過程是使兒童從一「自然人」成為「社會人」。兒童的社會及人際發展是由垂直的互動關係，（例如，親子、手足、師生關係）到平行的互動（例如，友伴關係）。這些關係形成個體日後的人格發展和生活風格（lifestyle）及形成日後個人之自我認同，甚至幫助個體情緒的支持及獲得親密感。社會關係又以友伴（同儕）關係佔有極重要的份量，友伴關係除了幫助從依賴父母走向獨立自主的地位，也可獲得情緒支持及親密需求；同時也可由同儕夥伴的態度，價值觀及行為模式，選擇與己身有關的習俗而相從，因而獲得歸屬及成就感。

　　時代快速變遷、社會文化改變、家庭功能不全，以及網路的種種誘因，這些究竟對華人社會的青少年帶來什麼樣之影響？

壹、暴力傾向

　　藉著媒體報導，議會衝突、街頭抗爭、暴力訴求……等，即成為青少年效法之榜樣。隨之而來，校園暴力事件增加，如霸凌事件、勒索歪風、鬥毆殺人事件等……，青少年犯罪手法兇殘，不能坐視不顧，必須警覺青少年暴力傾向的嚴重性。

貳、單親學生日增

　　離婚造成父母離異造成子女淪為單親學生，家庭功能不全極易導致不良身心發展，自然衍生異常行為。不僅如此，後續所帶來的子女撫養、財產、心理問題，需要付出很大的社會成本。紛亂的社會現象，混亂的價值觀，使人失去互信、互愛、互諒。

參、色情氾濫

　　隨處可見的情色廣告、色情網站氾濫、隨口黃腔穢語，以及色腥羶的媒體報導等，難免激起青少年想入非非，進而被好奇心所驅使而付諸行動，引發青少年犯罪問題。色情戕害青少年身心的後果嚴重，最明顯的是性觀念偏差，導

致性行為、賣淫及墮胎等問題，令人憂心。

肆、毒品誘惑

毒品氾濫日趨嚴重，連平靜的校園也被滲入。經常看到毒品走私、販賣、製造的新聞案件，且毒品樣式花招百出，犯罪年齡逐漸下降。這些往往牽涉到幫派與廟會陣頭之爭，即便是偏鄉學校，都有可能淪為毒梟吸收對象的目標，毒害已侵入校園，不得不思考對策。

伍、校園倫理式微

現代家長護子心態高昂，凡遭遇委屈，一律提告或訴諸媒體，致使老師動輒得咎，尊嚴喪失。而自尊心容易受挫青少年，也極易產生抗拒要求的心態，加上網路媒體的蠱惑，於是對抗、挑釁、毆打老師等霸凌事件頻傳，致使傳統的尊師重道觀念蕩然無存，校園倫理已不復從前。

守護徬徨不安的青少年

上述的亂象，不僅為社會帶來不安、道德淪喪，最重要的是，對兒童和青少年教育造成反效果。當眼見兒少行為日趨偏差，青少年暴力犯罪日增、吸毒人口躍升，以及性氾濫現象時，我們是否察覺到，道德重建、善良風氣及家庭教育的重要性？

世界朝流將少年犯罪從過去處罰與矯正改以輔導與保護心態，例如中國內地於 1991 年通過未成年保護法，而臺灣因應 2019 年《少年事件處理法》修正通過，自今 2020 年 6 月 19 日起改以「輔導」代替「矯正」思維：針對未滿 12 歲的觸法兒童，從司法機關直接轉由社福及教育單位處理，引導觸法兒童回到教育及學生輔導機制，不再送少年法庭。這個修正是因應兒少司法人權保障意識的提升，考量到 12 歲以下兒童的年齡、心智成熟度與身心發展尚未健全，其觸法行為大都出自於好奇、不懂事，或與家庭功能失調有關，因此將兒童回歸教育與社政體系，也防止他們因進入司法體系而被標籤化，影響後續發展。

針對的是 12 歲以下兒童，但這個改變對應了「正向青年發展」（Positive

Youth Development）的精神意旨，也符合國際潮流趨勢及兒童權利公約規範。然而，兒少服務取向要真正從「問題解決」模式蛻變為「正向青年發展」模式，社福與教育單位真的準備好了嗎？

風行北美教育及社福圈的「正向青年發展」概念，著重在少年的天賦、優勢、興趣和潛能，而非以過去處理青少年議題時，總是從「問題解決」著手——把重點放在解決青少年成長叛逆時的特定或單一問題，例如犯罪行為預防矯正、物質濫用、校園暴力或霸凌等。

青少年發展（Youth Development）學者認為，長期以來，我們用盡心思在教導兒少不要做什麼，卻沒有告訴他們該做什麼，才能健康、正向的成長。受到各種學術理論影響，漸漸形成「正向青年」發展的概念與架構，其精神與運用也從 90 年代開始，受到實務工作者與學者們關注，希望幫助成年人了解如何陪伴兒少，才能有效促進他們的正向成長，例如培養孩子與他人建立友好互動關係的社交技能，或鼓勵他們主動參與社區事務、貢獻己力。

當代社會兒童／少年身處變遷快速的社會環境中，需要發展各種能力去適應外在的變化，但其在社會當中屬於相對弱勢，無法為自己的需求發聲，因此需要成人的協助。同時，兒童／少年處於身心發展的重要基礎期，無論其生理、人格、情緒、認知、語言發展，均是未來社會人力資源品質的關鍵，因此，如何營造有利兒童／少年健全成長的環境，仍要回歸到家庭能否獲得足夠的資源與協助，以獲得照顧兒童／少年的能力。此外，國家基於兒童／少年權益後盾的角色，應如何提出全面性的政策，並落實為具體的福利服務，也是亟待努力的方向。據此，中國於 1991 年制訂「未成年保護法」以及台灣除了在 2003 年制訂「兒童及少年福利法」來保障兒童／少年權益，其中第三條規定：「父母或監護人對兒童及少年應負保護、教養之責任。對於主管機關、目的事業主管機關或兒童及少年福利機構依本法所為之各項措施，應配合及協助。」第四條規定：「政府及公私立機構、團體應協助兒童及少年之父母或監護人，維護兒童及

少年健康，促進其身心健全發展，對於需要保護、救助、輔導、治療、早期療育、身心障礙重建及其他特殊協助之兒童及少年，應提供所需服務及措施。」這些內容都指出，家庭及社會國家對於兒童／少年照顧及保護的責任與義務。中國未成年保護法及台灣兒童及少年福利與權益保障法旨在推動促進兒少年權益與發展為主的兒童少年福利服務，但許多現行制度仍以問題解決為主，正向少年發展模式（positive youth development, PYD），提供少年福利轉型之理論架構與實務操作的指引。

　　此指引首先運用正向少年發展模式之發展脈絡與理論基礎─發展性系統理論（developmental system theory, DST）於人群服務，強調人類發展乃個體與多層環境彼此互動的過程，視少年成長歷程中的變動為其與生俱來的優勢。正向少年發展模式主張少年正向發展來自個體與多重環境之間的互惠，此模式進一步假設少年邁向正向發展之際不僅問題行為會降低，回饋社會的行為也會增加。其次，統整實證研究對 PYD 理論模型與假設的檢視，幫助少年工作專業人員更具體瞭解少年個人優勢與生態資產之間的互動關係，以及此互動關係如何影響少年發展。再者，以 PYD 模式為架構，分析少年工作所面臨的四大困境：1.服務價值：偏重問題解決而非能力發展；2.服務內容：社區中缺乏以少年發展需求為主之服務；3.研究：少有實證研究統整並比較各機構少年方案的運作模式和成效；4.文化價值：華人文化中少年消權的傾向。

　　由於青少年期正是人生的風暴期與徬徨期，從發展的觀點來看，心理層面面臨自我認同與角色混淆的危機，而人生發展正處於生涯試探期，此一時期最易產生心理困擾、壓力與挫折，為了避免衍生各種病態問題，「培養健康青少年就是培養未來健康社會」的觀點應被重視，所謂健康的青少年，除了生理上的健康狀態外，亦須有健康的心理，評估心理健康程度的指標之一即是堅毅力，它是指在面對具挑戰性或威脅性的環境下，成功適應的過程、能力或結果。心理的堅毅力關注於行為適應，通常被定義為內在的幸福感，或是指能在環境中

發揮效能，抑或兩者兼具（Masten, Best, & Garmezy, 1990）。也就是說，一個堅毅的青少年能夠因應不斷變遷的需求及生命歷程中所面臨的挫折與失望，在此過程中逐漸自我肯定，發現自己的能力與價值，並期許自己成為一個勤奮耐勞、充滿自信的人，這些都對青少年的自尊與自我概念有所幫助。由此可見，青少年需要培養能夠成為社會有用分子的能力，如果青少年無法成為一個具有正向發展結果的公民，那將對社會無所助益。William Damon（1997）建立了美國與世界的青少年章程（youth charter），這是一種社區可採納用來提供青少年健康發展的框架，包括一系列規則、引導、行為計畫。Damon 提出，青少年和社區中重要他人可以如何創造伙伴關係，以追求正向道德發展與智力成就。Yates和Youniss（1996）則認為，讓青少年處於一個關懷且有助於發展的社區，可以促進他們的道德發展，並對公民社會有所貢獻。Benson（1997）認為，社會需要運用資產（發展性資產）來促進青少年正向發展，這裡所謂的資產是指青少年發展所需的個人、家庭和社會的資源，也就是當個人（對學習全心全意投入、健康的自我辨識）、家庭（賦權並設定界線的關懷態度、教養風格）、社區（社會支持、使孩子能接受教育資源的方案、安全，並在社區中得到教導）採取行動時，將能增進青少年的正向發展。Benson et al.（1998）透過研究找出四十種資產，包括二十種內在資產及二十種外在資產，他們也發現青少年擁有愈多資產，則其正向、健康發展的可能性愈高。

上述發展性資產均對青少年正向發展具有幫助，但另一個關切的議題是要如何強化青少年擁有這些資產。Benson et al.(1998)總結了數個研究結果，發展出一個整合模式，這個模式指出，當青少年在能提供指引的家庭中成長，他們會學習到政策和相關方案所教導他們的行為。因此，公共政策的焦點應該放在使家庭具有提供孩子規範和期望、社會心理和安全的需求、愛和關懷的氣氛、自尊、鼓勵成長、正向價值觀和與社會正向連結的能力。政策方案的施行應該加強家庭教養孩子和社會化所需的資源，這些資源能給孩子一個健康的開始、

安全的環境、關懷和可靠的成長、市場導向的技能、回饋社區的機會。如果方案是有效的，在孩子身上應該可以看到數個發展結果，我們將這些結果歸結為5C（Five Cs）：即能力（Competence）、連結（Connection）、品格（Character）、自信（Confidence）、關懷（Caring）或同情心（Compassion）（引自黃德祥等譯，2006）。

　　每個人主客觀因素不同，在面對壓力上亦有不同生心理反應。壓力是具有客觀危險的生理或心理情境，惟具有壓力的情境只有在被解釋為「是危險的」之後，才會引起個體的焦慮反應。Lazarus 和 Folkman(1984) 提出壓力是個體與環境之間一種特殊關係，被個人視為非自己能力所及，並危及自己的完好性。事件對個人所造成的壓力強度與其自認能處理威脅會為基的能力有關。Hill(1974)的 ABC-X 家庭壓力模式聚焦在單一壓力事件上， McCubbin 和 Patterson(1983)加入「時間序列」的因素，注意到壓力累積所產生的效應，並考量到危機前、危機後的各種因素，形成「雙重 ABC-X 家庭壓力模式」。在此模式中，壓力源是否會造成危機 X，要看三個因素的交互作用，分別為「壓力源事件本身 A」、「面對壓力可用的資源 B」、「面對壓力的看法 C」，如果處理得當，壓力源事件就只會產生壓力的感受，若處理不當，則會造成危機 X。應用壓力理論於本研究，可以從雙重 ABC-X 家庭壓力模式來解釋負向情緒狀態視為壓力來源的結果，在今環境的社會支持與互動 B，造成危機與否的 X(正向發展)。兒童與少年對於外在環境壓力是否具有內在的人格韌力及自我優勢，成為個人因應壓力的保護因子，也可以適度的調節內外在的困擾與衝突。

　　情緒發展亦是個體日後社會人格及是否具有良好的道德規範的目標，甚至也影響個體是否有物質濫用，憂鬱與自殺，學校適應等問題行為行為或精神疾病。此外，青春期由於伴隨的性腺的分泌，影響生殖器官的發育成熟，也造成青少年個體有了不同的體驗，如約會和性行為的互動，亦給予青少年個體有了不同的社會互動及心理改變，也造成個體之情緒影響。Furman 及 Brown（1999）

宣稱青春期洋溢著各種浪漫關係，更是個體歡樂的主要來源之一，然而是否發展有意義的浪漫關係是更有情感技能（Larson, Clore, & Wood, 1999）。青少年們正處於成長過程中的關鍵時期，最易受到週圍環境的影響，造成自我混淆或盲從，甚至激發偏激思想與偏差行為，嚴重影響日後的發展。我們有責任幫助這些青少年瞭解自己(例如提供支持、發展優勢力)，以及如何面對生活環境的衝擊，幫助他們學習因應及解決之道，以促進少年正向發展能力。

從生態系統的觀點來看，社會變遷所牽動的不僅是社會結構的改變，同時也影響家庭及個人，當家庭及個人發生問題時，則又須透過制度的改變，以協助其適應。從上述各項兒童／少年所面對的社會變遷結果，歸結出幾個主要的現象，以呈現兒童／少年的生活樣貌，並思考未來制度面應如何回應兒童／少年乃至家庭的方向。

正向青少年發展的概念主要是用以翻轉慣常係從「病態模式」來看待青少年的相關議題現象，像是違規行為、物質濫用、心理失調、校園暴力、上網成癮、不安全性行為、援交等（李耀全，2010），此一概念範疇聚焦於每一位少年的天賦、強項、興趣抑或是將來的發展潛能，而不是把重點放在青少年成長叛逆的特定或單一問題，亦即，從正面、積極的觀點以著眼於青少年一系列的人生課題，藉此促進攸關到青少年發展的 15 個構念，這其中包括有建立更強的情感關係和聯繫、由內在和外在保護因素所組成的抗逆能力、促進社交能力、情緒控制和表達能力、認知能力、採取行動能力（如「說不」能力）、分辨是非能力、自決能力、自我效能感（Self-efficacy）、建立目標和抉擇能力、明確及正面的身份、心靈質素（Spirituality）、親社會規範（Fostering Pro-social Norms）、參與公益活動以及正面行為的認同（Recognition of Positive Behavior）等。近年來已將正向青少年發展概念進一步含蓋優勢觀點、發展心理資產、正向歸因，藉此擴充為「青少年發展性資產」（Developmental Assets），亦即，青少年積極建構包括人際關係、機會、價值觀和技巧等等優質的發展性資產，以使青少年

遠離危險行為（risk behaviors），同時增加在學校、人際和生活上獲得成功的可能性（羅暐翔，2009），對此，青少年發展性資產可以區分成內在資產（internal assets）以及外在資產（external assets）等兩大範疇，這其中 20 種的內在資產包括有支持（家庭支持、正向的家庭溝通、與其他成人得關係、鄰居的關懷、關懷的學校氣氛、父母的學校參與）；賦權（重視青少年的社區、青少年被視為資源、服務他人、安全）；界線與期望（家庭管教、父母管教、鄰居管教、成人角色楷模、正向的同儕影響、高度期望；建設性的使用時間（創造性活動、青少年方案、宗教性社區、在家時間）等四個向度。

另外 20 種的外在資產則是包括有學習投入（成就動機、學校參與、家庭功課、與學校之連結、為興趣而閱讀）；正向價值（關懷、公平與社會正義、正直、誠實、負責任、克制）；社會能力（計畫與決定、人際能力、文化能力、拒絕的技巧、和平地解決衝突）與正向自我辨識（個人力量、自尊、目標感、個人未來的正向感）等四個向度，最後，亦可從包括家庭、學校教育過程、社會脈絡等外在環境，用以強化和培植青少年的發展性資產。

鄰里效應(neighborhood effect)和社區制度性等外部資源對少年發展產生作用。本研究以 Bronfenbrenner (1979)所提生態理論的鄰里效應(社會支持)為引領之理論架構，探討個體層次的家庭資本、鄰里效能、課外活動參與以及集體層次的區域資源點、可近性、經濟程度對不同區域少年正向發展的影響作用，以回應以下研究問題：(1)少年正向發展與鄰里資源是否關聯?(2)鄰里之集體層次和個體層次變項是否有調節作用，例如家庭和課外活動調節少年正向發展的程度?(3)這些關聯之間是否存在集體層次的脈絡差異(王淑貞，2019)。

在正向心理學的影響下，探究個人正向幸福的議題日漸獲得重視。若能思考如何協助青少年正向發展，提升生活品質與正向幸福，能平衡他們外在不利的環境，對未來生活也有相當的幫助(王玉珍等，2019)。王玉珍等 (2019)研究指出優勢力係指個人和社會所賦予的發展性能力與特質，以達到或表現出理想與

正向的生活樣貌。我們的研究蒐集了來自少年的想法進一步形成優勢力的內涵。王玉珍等(2019)發現，國中階段的青少年，其優勢力可涵蓋內省負責、創意好奇、夢想企圖、活潑幽默、利他合群、幸福感恩、隨和友善、轉念釋懷以及樂觀希望等九項優勢力。王玉珍等(2019)並根據這九項優勢力，建構出來 47 題量表，可作為學生自我評估自身所擁有的優勢力程度。

第三章 研究方法

本節分別就研究架構(見圖 3-1)、抽樣方法和研究工具三個部分進行表述。

壹、研究架構與研究問題

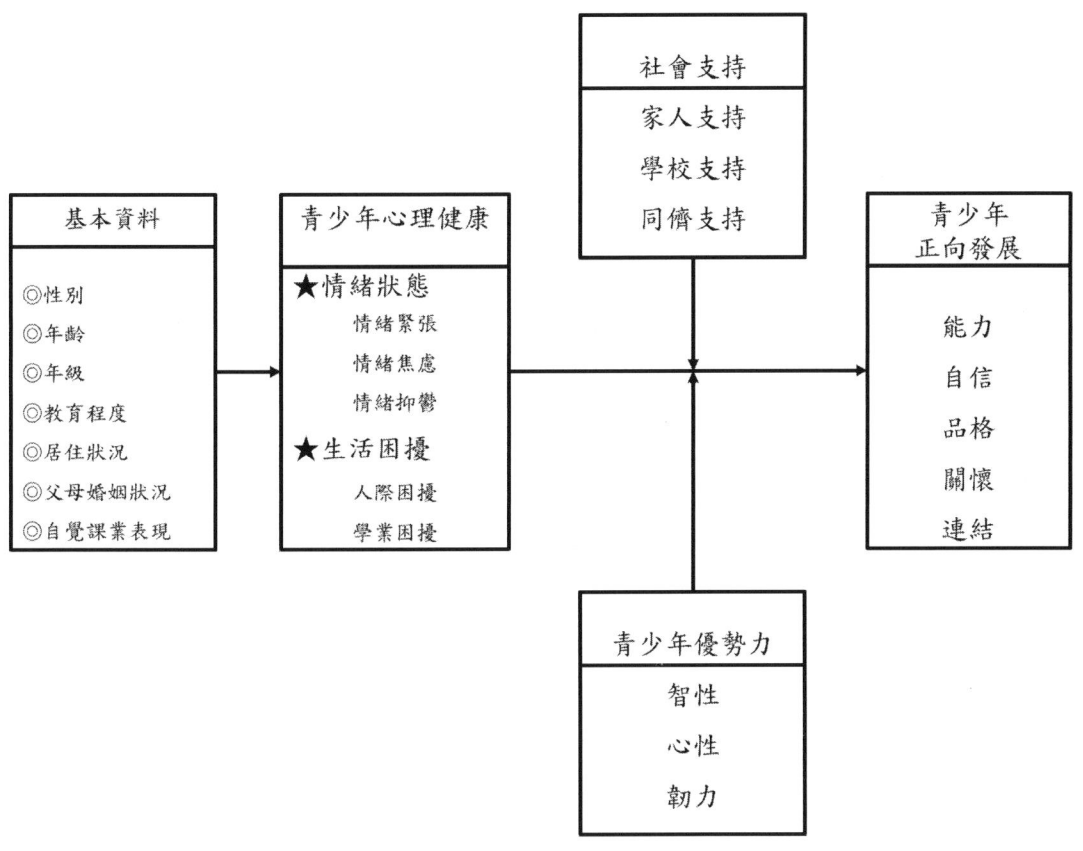

圖 3-1 本研究架構概念圖

問題一、少年負向情緒(情緒狀態、生活困擾)、社會支持(家人、學校、同儕)、青少年優勢力(智性、心性、韌力)與少年正向發展(能力、自信、品格、關懷、連結)、在基本變項（性別、年齡、年級、教育程度、居住狀況、父母婚姻狀況、自覺課業表現）之差異性為何？

問題二、少年負向情緒(情緒狀態、生活困擾)、社會支持(家人、學校、同儕)、青少年優勢力(智性、心性、韌力)與少年正向發展(能力、自信、品格、關懷、連結)、在基本變項（性別、年齡、年級、教育程度、居住狀況、父母婚姻狀況、自覺課業表現）在居住區域（澳門、內地、台灣）之差異性為何？

問題三、少年負向情緒(情緒狀態、生活困擾)、社會支持(家人、學校、同儕)、青少年優勢力(智性、心性、韌力)與少年正向發展(能力、自信、品格、關懷、連結)之相關為何？

問題四、少年負向情緒(情緒狀態、生活困擾)、社會支持(家人、學校、同儕)、青少年優勢力(智性、心性、韌力)、基本變項（性別、年齡、年級、教育程度、居住狀況、父母婚姻狀況、自覺課業表現）對少年正向發展(能力、自信、品格、關懷、連結)預測力為何？

問題五、社會支持、個人優勢是否可調節少年負向情緒(情緒狀態、生活困擾)與少年正向發展(能力、自信、品格、關懷、連結)之關係？

貳、抽樣方法及樣本來源

本研究選擇採用問卷調查法，來蒐集相關資訊，是基於本研究之重點在於廣泛的瞭解與蒐集少年負向情緒、少年優勢力及正向發展與社會支持之關係研究，因此選擇此種資料蒐集之方式。此外，經由文獻探討之過程，亦發現國內類似之相關研究，皆使用問卷調查法來進行研究，以獲得有關資料與訊息，且使用問卷調查法蒐集資料最主要之目的在於，探討現象的當前狀況，以作為解決問題、改進現況及計畫未來之依據。雖然，問卷調查法具有缺乏彈性、回收率可能偏低、誤解題意、無法控制填達情境等缺點，但是也具有調查地區較為遼闊、匿名方式填答、用字遣詞標準化、不受訪問者偏見影響、節省經費與時間以及可以填答者充分表達意見等優點（王文科，2002）。

本研究係澳門地區共有2,624份有效問卷樣本，樣本來源主要居住於澳門地；少數居住於廣東省內地地區。研究於2024年12月向山西省所中學發出邀請信，邀請中一至中六學生參加本次調查，採用立意抽樣方式發出3000問卷，總回收2624份，回收率達87.46%。

參、研究工具

本研究工具除了問題性題項調查有關青少年生活狀況外同時在測量青少年優勢力、社會支持、青少年正向發展及身心健康(負向情緒與生活困擾)以量表來做測量，這些量表的信效度分述如下：

一、青少年之情緒狀態

引用 2019 年澳門青少年身心健康研究，青少年之情緒狀況以 Depression Anxiety and Stress Scale（DASS-21; Lovibond & Lovibond, 1995）量度青少年三種負面情緒狀況，即抑鬱、焦慮及緊張。問卷共有二十一題，每種情緒各有七題，青少年以 0 至 3 報告三種情緒，情緒在過去一星期出現的頻度。三種情緒向度的分數各乘以 2，將為每種情緒狀態的分數。抑鬱徵狀包括煩躁不安、絕望、覺得生命無意義、自己無價值、對身邊人和事失去興趣、和有一種無法開心起來的感覺。受訪青少年的抑鬱徵狀0-9分屬正常、10-20分為輕度至中度、21分以上為嚴重至非常嚴重。

焦慮徵狀包括生理自然反應，如：手震、呼吸困難；肌肉反應，如沒有明顯的體力勞動時，也感到心律不正常和主觀地為某些場合感到憂慮等。受訪青少年的焦慮徵狀 0-7 屬正常、8-14 分為輕度至中度、15 分以上為嚴重至非常嚴重。

壓力徵狀包括沒有特別原因下，長期感到精神緊張、不安，反應過敏，無法放鬆和容易被觸怒。受訪青少年的壓力徵狀0-14分屬正常、15-25分為輕度至中度、26分以上為嚴重至非常嚴重。

受訪青少年填答者依知覺到的實際經驗，選擇最符合的答案，由「不適用」、「頗適用」、「很適用」、「十分適用」，分別給予 0 分、1 分、2 分、3 分，受訪青少年以0-3分報告在過去一星期出現的頻度。受訪青少年所得分數愈高表示其情緒狀況愈高，反之則愈低。本研究在情緒狀態量表信效度分析，該量表整體之 Cronbach's α 係數為.956，各層面「情緒緊張」

Cronbach's α 係數為.900、「情緒焦慮」Cronbach's α 係數為.897 及「情緒抑鬱」Cronbach's α 係數為.920。本量表同時於 2022 北京研究中量度情緒狀況的信度（Cronbach alpha）為.93。顯示信度中，內部一致性佳。

二、青少年優勢力

本研究個人優勢採取王玉珍、林佳慧、劉乙欣、張慈容 (2022)的青少年個人優勢量表。王玉珍等 (2022)量表發展第一階段以 438 位中學生及 73 位國中教師為對象，以質性方法蒐集國中青少年優勢力相關內涵，所得結果為編製題目之基礎。第二階段進行專家效度檢核後，以 170 位國中生進行預試分析，建立正式量表。第三階段為正式量表信效度驗證，431 位研究參與者中，男生 218 位（50.6%），女生 213 位（49.4%）；年齡介於 12 至 16 歲，平均年齡 14.31 歲（SD=0.77）。所建立的正式量表包含 9 個構念，共 47 題。構念名稱分別為，內省負責、創意好奇、夢想企圖、活潑幽默、利他合群、幸福感恩、隨和友善、轉念釋懷以及樂觀希望。分數愈高表示該部分之優勢力愈明顯。各分量表 Cronbach's α 係數介於.80 至.93，各因素相關在.39～.70 之間。驗證性因素分析結果顯示，模式適配度頗佳，組合信度在.61 到.91 之間，平均變異抽取量除了樂觀希望分量表為.35 外，其餘為.47 到.71 間，潛在因素相關為.42～.82，整體而言，具有不錯之建構效度與效標關聯效度。接續預試分析程序，針對智性、心性與韌性分別進行探索性因素分析。採主軸因子萃取法，設定原本因素數量，並以最優斜交轉軸法進行轉軸。藉以確認三大類別各量表題項與因素對應合理性、因素間相關，及確認題項後各因素內部一致性。確認因素與題項後以 ML 法進行三類別各量表的驗證性因素分析，以確認模式和觀察資料的適配性，以及各參數的推估與驗證。檢驗模式的程序先檢視沒有違犯估計，誤差變項無負數、標準化參數超過或太接近 1、沒有太大的標準誤（Hair, Anderson, Tatham, & Black, 1998），再參酌模式適配度指標 $\chi^2/df < 3$，GFI、NNFI、CFI 高於 .90，

RMSEA 低於 .08（黃芳銘，2006；Bagozzi & Yi, 1988）。

（一）智性：原本設定為 4 因素，但是 A04「勇於嘗試」的題項有 2 題未對應正確因素，另外 2 題則因素負荷量低於 .40，僅留下 1 題，對照前述此因素的內部一致性較低，顯示本因素較不穩定。重新設定 3 因素後，結果顯示僅新增題「如果有新的活動，我樂於嘗試和體驗。」可納入 A02「創意好奇」，因此刪除 4 題，另 A03「夢想企圖」也有 2 題因素負荷量未達 .40 而刪除。刪題後重新分析，檢驗資料的 KMO 值為 .91，經 Bartlett 檢定達顯著，顯示資料適合進行因素分析，結果此 3 因素所得累積總變異量達 54.80%，因素負荷量介於 .45~ .95，因素間相關介於 .46~ .55 之間，各因素內部一致性依序為 .88、.83、.89。

（二）心性：設定為 4 因素進行分析，結果 B02「利他合群」與 B03「幸福感恩」分別有 1 題與 2 題因為未對應正確因素而刪題。刪題後重新分析，檢驗資料的 KMO 值為 .93，經 Bartlett 檢定達顯著，顯示資料適合進行因素分析，結果此 4 因素所得累積總變異量達 66.40%，因素負荷量介於 .45~ .95，因素間的相關介於 .46~ .55 之間，各因素的內部一致性依序為 .88、.83、.89。

（三）韌力：設定為 2 因素進行分析，結果 C01「轉念釋懷」有 2 題因為未對應正確因素而刪題，C02「樂觀希望」則有 2 題因素負荷量未達 .40 而刪除。刪題後重新分析，檢驗資料的 KMO 值為 .86，經 Bartlett 檢定達顯著，顯示資料適合進行因素分析，結果此 2 因素所得累積總變異量達 67.85%，因素負荷量介於 .55~ .88，因素間的相關為 .71，各因素的內部一致性依序

為 .81、.75。

固本研究引用其量表將青少年優勢力量表共47題，歸納為智性21題、心性19題及韌力7題，三個構面，。本研究在青少年優勢力量表信效度分析，該量表整體之 Cronbach's α 係數為.986，各層面「智性」Cronbach's α 係數為.972、「心性」Cronbach's α 係數為.968 及「韌力」Cronbach's α 係數為.939，顯示信度中，內部一致性佳。

三、社會支持

社會支持的衡量本研究採王國川、鍾鳳嬌（2014）的「多向度社會支持量表」。該量表是根據 Zimet et al.（1988）的多向度感受性社會支持量表作為編修基礎。共計13題，量表採用 Likert 5 點量表計分，從 1「非常不同意」到 5「非常同意」等 5 個選項。這份量表支持類型分為一階三個因素之測量模型，以家人、同儕、老師或政府機構三個階段的「情緒性支持」、「工具性支持」、「訊息性支持」三個構面。「情緒性支持」包括關懷、傾聽、鼓勵及安慰、尊重等 4 題項；「工具性支持」、如問題解決、金錢或物品支援、電話支援等 5 題項；「訊息性支持」如問題分析、報告情況、資訊提供、建議等 4 題項；分數愈高代表受訪學生有愈多的社會支持。此份社會支持量表及其分量表都具有很好的信度，且各分量表及全量表與其題項間都具有密切相關。「社會支持量表」之 Cronbach alpha 係數為 .972。

四、少年正向發展簡版

本研究引用賴暐鋼(2023)將青少年之正向發展以 Lerner 等人（2000）提出之 5Cs 作為操作化定義。正向發展測量運用 Geldhof 等人（2014）以 Lerner 等人（2005）及 Bowers 等人（2010）之研究中量表為基底刪減之 5Cs 極短版量表（PYD-VSF）。原文量表共有 17 題，在賴暐鋼(2023)研究以 Cronbach's alpha 檢視量表各面向及整體之內部一致性，分析結果顯示，整體量表之 Cronbach's alpha 為.885，各分量表之 Cronbach's alpha 介於.542

至.885 之間，顯示其良好的內部一致性。本研究青少年正向發展量表總量表 Cronbach's alpha 為.943，分量表構面能力共 3 題為 Cronbach's alpha 為.743，自信共 3 題 Cronbach's alpha 為.875，品格共 4 題 Cronbach's alpha 為.792，關懷共 3 題 Cronbach's alpha 為.897，連結共 4 題 Cronbach's alpha 為.852。顯示信度中，內部一致性佳。

第四章 澳門研究結果與結論

壹、研究結果

本研究係澳門地區青少年身心健康研究，本研究結果根據所回收的2,624份有效問卷，進行統計分析與討論，再依據研究假設，呈現研究結果。本章共分九段，一、本研究樣本基本資料分析；二、心理健康現況；三、社會支持現況；四、青少年正向發展現況；五、青少年優勢利現況；六、各量表與基本資料之差異性分析；七、各量表間相關分析；八、心理健康、社會支持、青少年優勢力對青少年正向發展預測分析；九、排除社會支持與優勢力，青少年心理健康對青少年正向發展淨相關。

一、基本資料分析

在研究者將針對參與本研究之2,624位澳門地區青少年之背景資料作描述，以瞭解樣本特性。本研究針對澳門地區青少年做調查之基本變項包括：性別、年齡、年級、居住地、教育程度、居住狀況、父母婚姻狀況、自覺課業表現、最常使用網路活動類別。就問卷填答內容及統計結果，將有效樣本之個人資料以百分比、次數分配法加以分析比較，並將各研究變項進行描述性統計分析。（如表4-1）

（一）性別

本研究之受測者澳門地區青少年的性別區間以「男生」居多，共有1,380人，佔所有受試者的52.6%；最後為「女生」的共1244位，佔所有受試者的47.4%。

（二）年齡

研究之受測者澳門地區青少年的年齡狀況以「16歲以上」為最高，共有1,009人，佔所有受試者的38.5%；其次為「12~13歲」，共有868人，佔所有受試者的33.1%；最後為「14~15歲」，共747人，佔所有受試者的28.5%。

（三）年級

研究之受測者澳門地區青少年的年級以「初中二年級」為最高，共有645人，佔所有受試者的24.6%；其次為「高中一年級」，共有509人，佔所有受試者的19.4%；依序為「初中一年級」，共有467人，佔所有受試者的17.8%、「高中二年級」有347人，佔13.2%、「初中三年級」有336人，佔12.8%；最後為「高中三年級」，共320人，佔12.2%。

（四）現居地

研究之受測者澳門地區青少年的現居地以「澳門地區」為最高，共有2,397人，佔所有受試者的91.3%；其次為「內地地區」，共有227人，佔所有受試者的8.7%。

（五）教育程度

本研究之受測者澳門地區青少年的教育程度以「初中生」為最高，共有1,448人，佔所有受試者的55.2%；其次為「高中生」，共有1,176人，佔所有受試者的44.8%。

（六）居住狀況

本研究之受測者澳門地區青少年的居住狀況以「自置物業」為最高，共有1,183人，佔所有受試者的45.1%；其次為「不知道」，共有764人，佔所有受試者的29.1%；依序為「經濟房屋」，共有215人，佔所有受試者的8.2%、「租住單位」，共有202人，佔所有受試者的7.7%、「社會房屋」有200人，佔7.6%；最後為「租住房間」，有60人，佔所有受試者的2.3%。

（七）父母婚姻狀況

本研究之受測者澳門地區青少年的父母婚姻狀況以「同住」為最高，共有2,002人，佔所有受試者的76.3%；其次為「離婚」，共有309人，佔所有受試者的11.8%；依序為「因工作而分住」，共有112人，佔所有受試者的4.3%、「分居」，共有102人，佔所有受試者的3.9%、「父或母死亡」

有 71 人，佔 2.7%；最後為「其他」，有 28 人，佔所有受試者的 1.1%。

（八）自我課業表現

本研究之受測者澳門地區青少年的自覺課業表顯狀況以「普通」為最高，共有 1,610 人，佔所有受試者的 61.4%；其次為「中上」，共有 800 人，佔所有受試者的 30.5%；最後為「不好」，有 214 人，佔所有受試者的 8.2%。

表 4-1 澳門地區青少年基本資料之次數分配表與百分統計表

n=2,624

變項	類別	次數	百分比（%）
性別	男生	1380	52.6
	女生	1244	47.4
年齡	12~13 歲	868	33.1
	14~15 歲	747	28.5
	16 歲以上	1009	38.5
年級	初中一年級	467	17.8
	初中二年級	645	24.6
	初中三年級	336	12.8
	高中一年級	509	19.4
	高中二年級	347	13.2
	高中三年級	320	12.2
現居地	澳門	2397	91.3
	內地	227	8.7
教育程度	初中生	1448	55.2
	高中生	1176	44.8
居住狀況	自置物業	1183	45.1
	社會房屋	200	7.6
	經濟房屋	215	8.2
	租住單位	202	7.7
	租住房間	60	2.3
	不知道	764	29.1
父母婚姻狀況	同住	2002	76.3
	因工作而分住	112	4.3
	父或母死亡	71	2.7
	分居	102	3.9
	離婚	309	11.8
	其他	28	1.1
自覺課業表現	中上	800	30.5
	普通	1610	61.4
	不好	214	8.2

（九）最常使用的網路活動是

本研究之受測者澳門地區青少年最常使用的網路活動(見表 4-1-2)，以「線上通訊」為最高，有 2,059 人，佔 78.6%；其次為「線上影音」，有 1,960 人，佔 74.8%；依序為「線上遊戲」有 1,581 人，佔 60.3%、「瀏覽社群網站」有 1,336

人，佔 51.0%、「網上購物」有 529 人，佔 20.2%、「瀏覽新聞雜誌」有 493 人，佔 18.8%、「搜尋下載資料」有 276 人，佔 10.5%、「數位學習」有 167 人，佔 6.4%、「收發電子郵件」有 110 人，佔 4.2%、「直播平台」有 100 人，佔 3.8%、「編輯瀏覽部落格」有 55 人，佔 2.1%、「上色情網站」有 47 人，佔 1.8%、「上電子布告欄或論壇」有 45 人，佔 1.7%；最後為「其他」有 33 人，佔 1.3%。

表 4-2 澳門地區青少年最常使用的網路活動

n=2,624

變項	類別	次數	百分比（%）
最常使用的網路活動(可複選，最多 3 個)	線上遊戲	1581	60.3
	收發電子郵件	110	4.2
	線上通訊	2059	78.6
	瀏覽新聞雜誌	493	18.8
	線上影音	1960	74.8
	編輯瀏覽部落格	55	2.1
	瀏覽社群網站	1336	51.0
	搜尋下載資料	276	10.5
	上電子布告欄或論壇	45	1.7
	上色情網站	47	1.8
	直播平台	100	3.8
	網上購物	529	20.2
	數位學習	167	6.4
	其他	33	1.3

二、心理健康之現況分析

本節旨在以描述性統計法分析生活困擾量表、情緒狀態量表之現況分析，以下分為二部分進行探討：第一部分為生活困擾；第二部分為情緒狀態。

（一）生活困擾

本研究依據澳門地區青少年在生活困擾量表之各個構面的得分情形，依其每題平均得分由高而低依序為「學業困擾」（M=2.83）、「人際困擾」（M=2.06）。以「學業困擾」每題平均數最高、以「人際困擾」為最低（參見表4-3）。

表4-3　澳門地區青少年生活困擾之現況分析摘要表

n=2,624

構面名稱	題數	每題平均得分	標準差
人際困擾	7	2.06	.65
學業困擾	4	2.83	.94
總量表	11	2.34	.66

「生活困擾」量表構面每題平均數之最高與最低的題項，就「人際困擾」的構面而言最高的是外貌體型未如理想：例如太高或太矮/太肥或太瘦/皮膚太黑或太白或有暗瘡、粉刺等/身材、樣貌未能吸引異性。（M=2.68），最低的則是網絡上的人際關係問題：例如網上欺凌；個人資料、影片或照片在網上被流傳。（M=1.62）。就「學業困擾」的構面而言最高的是學業問題：例如成績未如理想；來自功課及考試的壓力。（M=3.28），最低的則是適應新學校的壓力：例如升中/轉校的適應。（M=2.24）（見表4-4）。

表 4-4 澳門地區青少年生活困擾變項之題項次數分配表與百分比統計表

n =2,624

題號	題目	非常不同意 次數(%)	不同意 次數(%)	部分同意 次數(%)	同意 次數(%)	非常同意 次數(%)	平均數	標準差
1.	朋輩相處問題：例如與好友經常發生衝突/被排擠/欺凌/揶揄。	878 (33.5%)	1075 (41.0%)	487 (18.6%)	116 (4.4%)	68 (2.6%)	2.01	.96
2.	與家人相處問題：例如與父母/家人經常發生衝突；得不到父母/家人的關心和了解。	646 (24.6%)	886 (33.7%)	693 (26.4%)	266 (10.1%)	134 (5.1%)	2.37	1.11
3.	與老師之間問題：例如時常被老師批評/針對；時常被老師忽略；自己是老師眼中的差/壞學生。	903 (34.4%)	1167 (44.5%)	415 (15.8%)	88 (3.4%)	51 (1.9%)	1.93	.89
4.	外貌體型未如理想：例如太高或太矮/太肥或太瘦/皮膚太黑或太白或有暗瘡、粉刺等/身材、樣貌未能吸引異性。	533 (20.3%)	656 (25.0%)	815 (31.1%)	347 (13.2%)	273 (10.4%)	2.68	1.22
5.	與異性相關問題：例如找不到男/女朋友；與男/女朋友時有衝突；男/女朋友未如自己理想。	1091 (41.6%)	842 (32.1%)	444 (16.9%)	135 (5.1%)	112 (4.3%)	1.98	1.08
6.	家庭問題：例如父/母失業；家庭入息太低；家人患病/離世；父母/家人離婚；家人嗜酒/好賭/吸毒。	1291 (49.2%)	753 (28.7%)	383 (14.6%)	125 (4.8%)	72 (2.7%)	1.83	1.02
7.	網絡上的人際關係問題：例如網上欺凌；個人資料、影片或照片在網上被流傳。	1405 (53.5%)	906 (34.5%)	231 (8.8%)	51 (1.9%)	31 (1.2%)	1.62	.81

n =2,624

題號	題目	非常不同意 次數(%)	不同意 次數(%)	部分同意 次數(%)	同意 次數(%)	非常同意 次數(%)	平均數	標準差
8.	學業問題：例如成績未如理想；來自功課及考試的壓力。	260 (9.9%)	378 (14.4%)	832 (31.7%)	672 (25.6%)	482 (18.4%)	3.28	1.20
9	前途問題：例如成績不足以找到一份理想職業；為前途或職業感徬徨。	356 (13.6%)	533 (20.3%)	777 (29.6%)	536 (20.4%)	422 (16.1%)	3.05	1.26
10	適應新學校的壓力：例如升中/轉校的適應。	918 (35.0%)	700 (26.7%)	585 (22.3%)	287 (10.9%)	134 (5.1%)	2.24	1.18
11	選科的壓力：例如擔憂選錯科目/選不到自己想修讀的科目。	573 (21.8%)	581 (22.1%)	684 (26.1%)	463 (17.6%)	323 (12.3%)	2.76	1.30

（二）情緒狀態

本研究依據澳門地區青少年在情緒狀態量表之各個構面的得分情形，依其每題平均得分由高而低依序為「壓力/緊張」(M=1.76)、「焦慮」(M=1.38)、「抑鬱」(M=1.18)。以「壓力/緊張」每題平均數最高、以「抑鬱」為最低（參見表4-5）。

表4-5 澳門地區青少年情緒狀態之現況分析摘要表

n=2,624

構面名稱	題數	每題平均得分	標準差
壓力/緊張	7	1.76	.79
焦慮	7	1.38	.80
抑鬱	7	1.18	.83

「情緒狀態」量表構面每題平均數之最高與最低的題項，就「壓力/緊張」的構面而言最高的是我覺得自己消耗很多精神（M=2.21），最低的則是我覺得很難讓自己安靜下來。(M=1.45)。就「焦慮」的構面而言最高的是我憂慮一些令自己恐慌或出醜的場合（M=2.35），最低的我感到呼吸困難(例如不是做運動時也感到氣促或透不過氣來)（M=1.01）。就「抑鬱」的構面而言最高的是我感到很難自動去開始工作（M=1.71），最低的則是我

覺得自己不怎麼配做人（M=.85）(見表 4-6)。

表 4-6 澳門地區青少年情緒狀態變相之題項次數分配表與百分比統計表

n =2,624

題號	題目	非常不同意 次數(%)	不同意 次數(%)	沒意見 次數(%)	同意 次數(%)	非常同意 次數(%)	平均數	標準差
1.	我覺得很難讓自己安靜下來	444 (16.9%)	995 (37.9%)	821 (31.3%)	265 (10.1%)	99 (3.8%)	1.45	1.00
2.	我對事情往往作出過敏反應	381 (14.5%)	915 (34.9%)	831 (31.7%)	362 (13.8%)	135 (5.1%)	1.60	1.05
3.	我覺得自己消耗很多精神	223 (8.5%)	504 (19.2%)	780 (29.7%)	728 (27.7%)	389 (14.8%)	2.21	1.16
4.	我感到忐忑不安	420 (16.0%)	769 (29.3%)	794 (30.3%)	465 (17.7%)	176 (6.7%)	1.69	1.13
5.	我感到很難放鬆自己	394 (15.0%)	838 (31.9%)	763 (29.1%)	429 (16.3%)	200 (7.6%)	1.69	1.13
6.	我無法容忍任何阻礙我繼續工作的事情	278 (10.6%)	671 (25.6%)	952 (36.3%)	450 (17.1%)	273 (10.4%)	1.91	1.12
7.	我發覺自己很容易被觸怒	397 (15.1%)	763 (29.1%)	740 (28.2%)	436 (16.6%)	288 (11.0%)	1.79	1.20
8.	我感到口乾	529 (20.2%)	855 (32.6%)	704 (26.8%)	365 (13.7%)	177 (6.7%)	1.54	1.15
9	我感到呼吸困難(例如不是運動時也感到氣促或透不過氣來)	1005 (38.3%)	905 (34.5%)	452 (17.2%)	184 (7.0%)	78 (3.0%)	1.01	1.05
10	我感到顫抖(例如手震)	907 (34.6%)	884 (33.7%)	538 (20.5%)	192 (7.3%)	103 (3.9%)	1.12	1.08
11	我憂慮一些令自己恐慌或出醜的場合	263 (10.0%)	382 (14.6%)	720 (27.4%)	673 (25.6%)	586 (22.3%)	2.35	1.25
12	我感到快要恐慌了	713 (27.2%)	999 (38.1%)	592 (22.6%)	211 (8.0%)	109 (4.2%)	1.23	1.06
13	我無緣無故地感到害怕	761 (29.0%)	958 (36.5%)	519 (19.8%)	256 (9.8%)	130 (5.0%)	1.25	1.12
14	我覺察自己在沒有體力動的情況下，心律也不正常	845 (32.2%)	973 (37.1%)	492 (18.8%)	223 (8.5%)	91 (3.5%)	1.13	1.06
15	我好像不能再有任何愉快、舒暢的感覺	935 (35.6%)	992 (37.8%)	479 (18.3%)	138 (5.3%)	80 (3.0%)	1.02	1.01

n =2,624

題號	題目	非常不同意 次數(%)	不同意 次數(%)	沒意見 次數(%)	同意 次數(%)	非常同意 次數(%)	平均數	標準差
16	我感到很難自動去開始工作	437 (16.7%)	754 (28.7%)	792 (30.2%)	390 (14.9%)	251 (9.6%)	1.71	1.18
17	我覺得自己對將來沒有甚麼可盼望	665 (25.3%)	880 (33.5%)	601 (22.9%)	287 (10.9%)	191 (7.3%)	1.41	1.18
18	我感到憂鬱沮喪	718 (27.4%)	931 (35.5%)	623 (23.7%)	239 (9.1%)	113 (4.3%)	1.27	1.08
19	我對任何事也不能熱衷	823 (31.4%)	1047 (39.9%)	532 (20.3%)	153 (5.8%)	69 (2.6%)	1.08	.98
20	我覺得自己不怎麼配做人	1287 (49.0%)	763 (29.1%)	336 (12.8%)	138 (5.3%)	100 (3.8%)	.85	1.07
21	我感到生命毫無意義	1264 (48.2%)	707 (26.9%)	364 (13.9%)	150 (5.7%)	139 (5.3%)	.93	1.14

三、社會支持量表

本研究將社會支持量表分為家人社會支持、同儕社會支持及老師或政府機構社會支持各三個量表

（一）家人社會支持量表

本研究依據澳門地區青少年在家人社會支持量表量表之各個構面的得分情形，依其每題平均得分由高而低依序為「工具性支持」（M=3.73）、「訊息性支持」（M=3.52）、「情緒性支持」(M=3.48)。以「工具性支持」每題平均數最高、以「情緒性支持」為最低（參見表4-7）。

表4-7 家人社會支持量表之現況分析摘要表

n=2,624

構面名稱	題數	每題平均得分	標準差
情緒性支持	4	3.48	.89
工具性支持	5	3.73	.76
訊息性支持	4	3.52	.91
總量表	13	3.59	.76

「家人社會支持量表」量表構面每題平均數之最高與最低的題項，就「情緒性支持」的構面而言最高的會會尊重我的決定或想法（M=3.60），最低的則是會傾聽我的心事（M=3.25）。就「工具性支持」的構面而言最高的是會提供我生活上必要的物質支持（M=4.01），最低的則是當我需要時，會找別人來幫助我（M=3.52）。就「訊息性支持」的構面而言最高的是會給我建議（M=3.63），最低的則是會提供給我解決問題的相關資訊（M=3.43）(見表4-8)。

表 4-8 澳門地區青少年家人社會支持量表變相之題項次數分配表與百分比統計表

n =2,624

題號	題目	非常不同意 次數(%)	不同意 次數(%)	沒意見 次數(%)	同意 次數(%)	非常同意 次數(%)	平均數	標準差
1.	會傾聽我的心事	210 (8.0%)	377 (14.4%)	881 (33.6%)	859 (32.7%)	297 (11.3%)	3.25	1.08
2.	會關懷我的身心狀況	125 (4.8%)	223 (8.5%)	684 (26.1%)	1143 (43.6%)	449 (17.1%)	3.59	1.01
3.	會給我鼓勵與安慰	146 (5.6%)	288 (11.0%)	734 (28.0%)	1094 (41.7%)	362 (13.8%)	3.47	1.03
4.	會尊重我的決定或想法	126 (4.8%)	256 (9.8%)	656 (25.0%)	1080 (41.2%)	506 (19.3%)	3.60	1.05
5.	當我急需金錢時，會支援我	87 (3.3%)	148 (5.6%)	619 (23.6%)	1094 (41.7%)	676 (25.8%)	3.80	.99
6.	會想辦法幫我解決糾紛或問題	110 (4.2%)	242 (9.2%)	819 (31.2%)	1027 (39.1%)	426 (16.2%)	3.54	1.00
7.	可以讓我隨時打電話求助	89 (3.4%)	162 (6.2%)	639 (24.4%)	1043 (39.7%)	691 (26.3%)	3.79	1.00
8.	當我需要時，會找別人來幫助我	122 (4.6%)	223 (8.5%)	837 (31.9%)	1027 (39.1%)	415 (15.8%)	3.52	1.00
9	會提供我生活上必要的物質支持	54 (2.1%)	76 (2.9%)	474 (18.1%)	1196 (45.6%)	824 (31.4%)	4.01	.89
10	會幫我分析問題	147 (5.6%)	299 (11.4%)	811 (30.9%)	977 (37.2%)	390 (14.9%)	3.44	1.05
11	會給我建議	111 (4.2%)	191 (7.3%)	706 (26.9%)	1165 (44.4%)	451 (17.2%)	3.63	.98
12	會告訴我該怎麼做	111 (4.2%)	230 (8.8%)	758 (28.9%)	1086 (41.4%)	439 (16.7%)	3.57	1.00
13	會提供我解決問題的相關資訊	148 (5.6%)	284 (10.8%)	859 (32.7%)	944 (36.0%)	389 (14.8%)	3.43	1.04

（二）同儕社會支持量表

本研究依據澳門地區青少年在同儕社會支持量表量表之各個構面的得分情形，如下表 5-3-3、5-3-4，依其每題平均得分由高而低依序為「訊息性支持」(M=3.53)、「情緒性支持」(M=3.49)、「工具性支持」(M=3.15)。以「訊息性支持」每題平均數最高、以「工具性支持」為最低（參見表 4-9）。

表 4-9　同儕社會支持量表之現況分析摘要表

n=2,624

構面名稱	題數	每題平均得分	標準差
情緒性支持	4	3.49	.78
工具性支持	5	3.15	.74
訊息性支持	4	3.53	.80
總量表	13	3.37	.68

「同儕社會支持量表」量表構面每題平均數之最高與最低的題項，就「情緒性支持」的構面而言最高的會尊重我的決定或想法（M=3.61），最低的則是會會關懷我的身心狀況（M=3.31）。就「工具性支持」的構面而言最高的是會當我需要時，會找別人來幫助我（M=3.37），最低的則是會提供我生活上必要的物質支持（M=2.85）。就「訊息性支持」的構面而言最高的是會給我建議（M=3.64），最低的則是會會提供我解決問題的相關資訊（M=3.46）（參見表 4-10）。

表 4-10　澳門地區青少年同儕社會支持量表變相之題項次數分配表與百分比統計表

n =2,624

題號	題目	非常不同意 次數(%)	不同意 次數(%)	沒意見 次數(%)	同意 次數(%)	非常同意 次數(%)	平均數	標準差
1.	會傾聽我的心事	111 (4.2%)	200 (7.6%)	999 (38.1%)	1007 (38.4%)	307 (11.7%)	3.34	.94
2.	會關懷我的身心狀況	116 (4.4%)	237 (9.0%)	1180 (45.0%)	878 (33.5%)	213 (8.1%)	3.31	.80
3.	會給我鼓勵與安慰	86 (3.3%)	153 (5.8%)	877 (33.4%)	1181 (45.0%)	327 (12.5%)	3.57	.89
4.	會尊重我的決定或想法	79 (3.0%)	123 (4.7%)	890 (33.9%)	1173 (44.7%)	359 (13.7%)	3.61	.88

n =2,624

題號	題目	非常不同意 次數(%)	不同意 次數(%)	沒意見 次數(%)	同意 次數(%)	非常同意 次數(%)	平均數	標準差
5.	當我急需金錢時，會支援我	283 (10.8%)	454 (17.3%)	1215 (46.3%)	512 (19.5%)	160 (6.1%)	2.92	1.01
6.	會想辦法幫我解決糾紛或問題	105 (4.0%)	199 (7.6%)	1091 (41.6%)	1001 (38.1%)	228 (8.7%)	3.33	.89
7.	可以讓我隨時打電話求助	160 (6.1%)	307 (11.7%)	1161 (44.2%)	750 (28.6%)	246 (9.4%)	3.23	.98
8.	當我需要時，會找別人來幫助我	130 (5.0%)	223 (8.5%)	1065 (40.6%)	949 (36.2%)	257 (9.8%)	3.37	.94
9	會提供我生活上必要的物質支持	292 (11.1%)	495 (18.9%)	1257 (47.9%)	425 (17.2%)	128 (4.9%)	2.85	.99
10	會幫我分析問題	102 (3.9%)	150 (5.7%)	906 (34.5%)	1176 (44.8%)	290 (11.1%)	3.53	.90
11	會給我建議	76 (2.9%)	122 (4.6%)	796 (30.3%)	1285 (49.0%)	345 (13.1%)	3.64	.87
12	會告訴我該怎麼做	99 (3.8%)	163 (6.2%)	1033 (39.4%)	1035 (39.4%)	294 (11.2%)	3.48	.90
13	會提供我解決問題的相關資訊	107 (4.1%)	188 (7.2%)	991 (37.8%)	1054 (40.2%)	284 (10.8%)	3.46	.92

（三）老師或政府機構社會支持量表

本研究依據澳門地區青少年在老師或政府機構社會支持量表量表之各個構面的得分情形，依其每題平均得分由高而低依序為「訊息性支持」（M=3.68）、「情緒性支持」（M=3.42）、「工具性支持」(M=3.03)。以「訊息性支持」每題平均數最高、以「工具性支持」為最低（參見表4-11）。

表4-11 老師或政府機構社會支持量表之現況分析摘要表

n=2,624

構面名稱	題數	每題平均得分	標準差
情緒性支持	4	3.42	.82
工具性支持	5	3.03	.76
訊息性支持	4	3.68	.81
總量表	13	3.35	.69

「老師或政府機構社會支持」量表構面每題平均數之最高與最低的題項，就「情緒性支持」的構面而言最高的是會尊重我的決定或想法（M=3.55），最低的則是會傾聽我的心事（M=3.21）。就「工具性支持」的構面而言最高的是會會想辦法幫我解決糾紛或問題（M=3.48），最低的則是會當我急需金錢時，會支援我（M=2.57）。就「訊息性支持」的構面而言最高的是會給我建議（M=3.73），最低的則是會幫我分析問題（M=3.63）(見表 4-12)。

表 4-12 澳門地區青少年老師或政府機構社會支持量表變相之題項次數分配表與百分比統計表

n =2,624

題號	題目	非常不同意 次數(%)	不同意 次數(%)	沒意見 次數(%)	同意 次數(%)	非常同意 次數(%)	平均數	標準差
1.	會傾聽我的心事	175 (6.7%)	291 (11.3%)	1142 (43.5%)	800 (30.5%)	210 (8.0%)	3.21	.97
2.	會關懷我的身心狀況	135 (5.1%)	204 (7.8%)	1019 (38.8%)	1018 (38.8%)	248 (9.5%)	3.39	.944
3.	會給我鼓勵與安慰	113 (4.3%)	145 (6.5%)	897 (33.5%)	1177 (44.9%)	310 (11.8%)	3.54	.92
4.	會尊重我的決定或想法	110 (4.2%)	128 (4.9%)	915 (34.9%)	1134 (43.2%)	337 (12.8%)	3.55	.92
5.	當我急需金錢時，會支援我	542 (20.7%)	508 (19.4%)	1199 (45.7%)	266 (10.1%)	109 (4.2%)	2.57	1.10
6.	會想辦法幫我解決糾紛或問題	120 (4.6%)	129 (4.9%)	1002 (38.2%)	1094 (41.7%)	279 (10.6%)	3.48	.91
7.	可以讓我隨時打電話求助	269 (10.3%)	353 (13.5%)	1276 (48.6%)	537 (20.5%)	189 (7.2%)	3.00	1.01
8.	當我需要時，會找別人來幫助我	151 (5.8%)	169 (6.4%)	1101 (42.0%)	965 (36.7%)	239 (9.1%)	3.37	.94
9	會提供我生活上必要的物質支持	421 (16.0%)	459 (17.5%)	1237 (47.1%)	381 (14.5%)	126 (4.8%)	2.74	1.04
10	會幫我分析問題	88 (3.4%)	116 (4.4%)	818 (31.2%)	1236 (47.1%)	366 (13.9%)	3.63	.89

n =2,624

題號	題目	非常不同意 次數(%)	不同意 次數(%)	沒意見 次數(%)	同意 次數(%)	非常同意 次數(%)	平均數	標準差
11	會給我建議	71 (2.7%)	104 (4.0%)	704 (26.8%)	1304 (49.7%)	441 (16.8%)	3.73	.87
12	會告訴我該怎麼做	85 (3.2%)	105 (4.0%)	787 (33.0%)	1226 (46.7%)	421 (16.0%)	3.68	.90
13	會提供我解決問題的相關資訊	95 (3.6%)	101 (3.8%)	818 (31.2%)	1189 (31.2%)	421 (16.0%)	3.66	.91

四、青少年正向發展現況分析

本研究依據澳門地區青少年在青少年正向發展量表之各個構面的得分情形，依其每題平均得分由高而低依序為「關懷」（M=3.41）、「品格」（M=3.38）、「連結」（M=3.27）、「自信」（M=3.14）、「能力」（M=3.01）。以「關懷」每題平均數最高、以「能力」為最低（參見表4-13）。

表4-13 澳門地區青少年正向發展之現況分析摘要表

n=2,624

構面名稱	題數	每題平均得分	標準差
能力	3	3.01	.80
自信	3	3.14	.94
品格	4	3.38	.73
關懷	3	3.41	.95
連結	4	3.27	.79
總量表	17	3.25	.60

「青少年正向發展」量表構面每題平均數之最高與最低的題項，就「能力」的構面而言最高的是我擁有很多朋友。（M=3.28），最低的則是我比一般同齡的人更擅長運動。（M=2.69）。就「自信」的構面而言最高的是整體而言，我很開心能夠做我自己。（M=3.49），最低的則是我喜歡自己的外表（M=2.93）。就「品格」的構面而言最高的是我犯錯或惹出麻煩時，我會為我的行為負起責任。（M=3.75），最低的則是我喜歡和不同族群的人相處（例如新移民、外籍人士等）（M=3.06）。就「關懷」的構面而言最高的是當我看到有人被欺負，我會為他感到難過。（M=3.46），最低的則是當我看到別人被利用時，我會想要幫助他及當我看到有人受傷或心情不好時，我會為他感到難過，（分別為M=3.38）。就「連結」的構面而言最高的是我覺得我的朋友是很棒的朋友。（M=3.92），最低的則是在鄰里社區中，我覺得自己是重要的一份子（M=2.70）（見表4-14）。

表 4-14　澳門地區青少年正向發展變項之題項次數分配表與百分比統計表

n =2,624

題號	題目	完全不是我 次數(%)	不太像我 次數(%)	尚可 次數(%)	有點像我 次數(%)	完全是我 次數(%)	平均數	標準差
1.	我擁有很多朋友	156 (5.9%)	357 (13.6%)	1048 (39.9%)	707 (26.9%)	356 (13.6%)	3.28	1.05
2.	我的課堂作業做得很好	152 (5.8%)	487 (18.6%)	1211 (46.2%)	569 (21.7%)	205 (7.8%)	3.07	.97
3.	我比一般同齡的人更擅長運動	566 (21.6%)	664 (25.3%)	651 (24.8%)	499 (19.0%)	244 (9.3%)	2.69	1.25
4.	大部分的時候，我對自己很滿意	230 (8.8%)	596 (22.7%)	972 (37.0%)	547 (20.8%)	279 (10.6%)	3.01	1.10
5.	我喜歡自己的外表	279 (10.6%)	565 (215%)	1079 (41.1%)	452 (17.2%)	249 (9.5%)	2.93	1.09
6.	整體而言，我很開心能夠做我自己	141 (5.4%)	315 (12.0%)	884 (33.7%)	680 (25.9%)	604 (23.0%)	3.49	1.12
7.	當我知道一件事不應該做，我就不會做	103 (3.9%)	368 (14.0%)	856 (32.6%)	764 (29.1%)	533 (20.3%)	3.47	1.08
8.	我想做一些事，讓這個世界變得更好	212 (8.1%)	429 (16.3%)	959 (36.5%)	615 (23.4%)	409 (15.6%)	3.22	1.13
9	我犯錯或惹出麻煩時，我會為我的行為負起責任	52 (2.0%)	143 (5.4%)	792 (30.2%)	1034 (39.4%)	603 (23.0%)	3.75	.93
10	我喜歡和不同族群的人相處（例如新移民、外籍人士等）	282 (10.7%)	463 (17.6%)	1005 (38.3%)	542 (20.7%)	332 (12.7%)	3.06	1.14
11	當我看到別人被利用時，我會想要幫助他	138 (5.3%)	308 (11.7%)	976 (37.2%)	811 (30.9%)	391 (14.9%)	3.38	1.04
12	當我看到有人被欺負，我會為他感到難過	145 (5.5%)	283 (10.8%)	859 (32.7%)	884 (33.7%)	453 (17.3%)	3.46	10.6
13	當我看到有人受傷或心情不好時，我會為他感到難過	165 (6.3%)	320 (12.2%)	902 (34.4%)	803 (30.6%)	434 (16.5%)	3.38	1.09

n =2,624

題號	題目	完全不是我 次數(%)	不太像我 次數(%)	尚可 次數(%)	有點像我 次數(%)	完全是我 次數(%)	平均數	標準差
14	在學校中，我獲得許多鼓勵	182 (6.9%)	490 (18.7%)	1113 (42.4%)	602 (22.9%)	237 (9.0%)	3.08	1.02
15	在家中，我是有用且重要的一員	186 (7.1%)	338 (12.9%)	884 (33.7%)	687 (26.2%)	529 (20.2%)	3.39	1.15
16	在鄰里社區中，我覺得自己是重要的一份子	414 (15.8%)	626 (23.9%)	1078 (41.1%)	336 (12.8%)	170 (6.5%)	2.70	1.08
17	我覺得我的朋友是很棒的朋友	89 (3.4%)	127 (4.8%)	665 (25.3%)	746 (28.4%)	997 (38.0%)	3.92	1.06

五、青少年優勢力現況分析

本研究依據澳門地區青少年在青少年優勢力量表之各個構面的得分情形，依其每題平均得分由高而低依序為「智性」（M=3.49）、「心性」（M=3.32）、「韌力」（M=3.29）。以「智性」每題平均數最高、以「韌力」為最低（參見表 4-15）。

表 4-15 澳門地區青少年優勢力之現況分析摘要表

n=2,624

構面名稱	題數	每題平均得分	標準差
智性	21	3.49	.60
心性	19	3.32	.65
韌力	7	3.29	.79
總量表	47	3.39	.56

「青少年優勢力」量表構面每題平均數之最高與最低的題項，就「智性」的構面而言最高的是答應他人的事情，我會盡量做到。（M=3.90），最低的則是別人常說我最是很細心。（M=3.04）。就「心性」的構面而言最高的只要我做得到，我都很願意幫忙（M=3.74），最低的則是別人常說我是大雞的開心果。（M=2.90）。就「韌力」的構面而言最高的是必要時，我會調整自己的情緒。（M=3.67），最低的則是遇到不開心的事情，我通常一下子就忘記了。（M=2.87）（見表 4-16）。

表 4-16 澳門地區青少年優勢力變項之題項次數分配表與百分比統計表

n =2,624

題號	題目	非常不同意 次數(%)	不同意 次數(%)	沒意見 次數(%)	同意 次數(%)	非常同意 次數(%)	平均數	標準差
1.	我能夠有效率地完成該做的事情。	140 (5.3%)	509 (19.4%)	947 (36.1%)	813 (31.0%)	215 (8.2%)	3.17	1.00
2.	不管怎麼樣，我都會盡力達成今天預訂的進度。	92 (3.5%)	332 (12.7%)	836 (31.9%)	1051 (40.1%)	313 (11.9%)	3.44	.97
3.	我有分辨事情對錯的能力。	45 (1.7%)	114 (4.3%)	673 (25.6%)	1213 (46.2%)	579 (22.1%)	3.82	.88
4.	做每一件事，我都會全力以赴。	67 (2.6%)	258 (9.8%)	937 (35.7%)	968 (36.9%)	394 (15.0%)	3.51	.94

n =2,624

題號	題目	非常不同意 次數(%)	不同意 次數(%)	沒意見 次數(%)	同意 次數(%)	非常同意 次數(%)	平均數	標準差
5.	我通常會堅持到底面對該做的事。	65 (2.5%)	245 (9.3%)	921 (35.1%)	982 (37.4%)	411 (15.7%)	3.54	.94
6.	別人常說我做事很細心。	224 (8.5%)	532 (20.3%)	1024 (39.0%)	598 (22.8%)	246 (9.4%)	3.04	1.07
7.	答應他人的事情，我會盡量做到。	36 (1.4%)	88 (3.4%)	579 (22.1%)	1309 (49.9%)	612 (23.3%)	3.90	.83
8.	我會記取教訓，不再犯同樣的錯誤	73 (2.8%)	195 (7.4%)	871 (33.2%)	1068 (40.7%)	417 (15.9%)	3.59	.93
9	我會做好自己份內的事情。	43 (1.6%)	86 (3.3%)	772 (29.4%)	1282 (48.9%)	441 (16.8%)	3.75	.82
10	我經常會反省自己是否有做得不對或不好的地方。	88 (3.4%)	217 (8.3%)	714 (27.2%)	997 (38.0%)	608 (23.2%)	3.69	1.02
11	我不容易受到外在的誘惑。	187 (7.1%)	542 (20.7%)	1012 (38.6%)	634 (24.2%)	249 (9.5%)	3.08	1.05
12	我常有一些創作的靈感。	202 (7.7%)	449 (17.1%)	831 (31.7%)	695 (26.5%)	447 (17.0%)	3.28	1.16
13	我腦袋裡有很多天馬行空的想法。	191 (7.3%)	348 (13.3%)	710 (27.1%)	746 (28.4%)	629 (24.0%)	3.48	1.19
14	我的想像力為我的生活增添不少樂趣。	173 (6.6%)	336 (12.8%)	794 (30.3%)	771 (29.4%)	550 (21.0%)	3.45	1.14
15	我會欣賞自己有創意的表現。	165 (6.3%)	321 (12.2%)	895 (34.1%)	770 (29.3%)	473 (18.0%)	3.40	1.10
16	到一個新環境，我會很好奇到處看看。	82 (3.1%)	183 (7.0%)	554 (21.1%)	1045 (39.8%)	760 (29.0%)	3.84	1.01
17	我會對不瞭解的事物感到新奇、有興趣。	73 (2.8%)	184 (7.0%)	674 (25.7%)	1043 (39.7%)	650 (24.8%)	3.76	.99
18	如果有新的活動，我樂於嘗試和體驗。	134 (5.1%)	296 (11.3%)	862 (32.9%)	871 (33.2%)	461 (17.6%)	3.46	1.06
19	我正朝著我的夢想前進。	142 (5.4%)	270 (10.3%)	972 (37.0%)	740 (28.2%)	500 (19.1%)	3.45	1.07

44

n =2,624

題號	題目	非常不同意 次數(%)	不同意 次數(%)	沒意見 次數(%)	同意 次數(%)	非常同意 次數(%)	平均數	標準差
20	我對於自己的生涯規劃有初步的構想。	187 (7.1%)	367 (14.0%)	813 (31.0%)	874 (33.3%)	383 (14.6%)	3.34	1.10
21	對於未來要做什麼，我已有大致的方向。	236 (9.0%)	438 (16.7%)	829 (31.6%)	752 (28.7%)	369 (14.1%)	3.22	1.15
22	同學常說我是一個精力充沛的人。	270 (10.3%)	482 (18.4%)	953 (36.3%)	549 (20.9%)	370 (14.1%)	3.10	1.16
23	我在班上總能適時製造笑點。	328 (12.5%)	452 (17.2%)	919 (35.0%)	572 (21.8%)	353 (13.5%)	3.06	1.19
24	在朋友眼中，我很能帶動氣氛。	235 (9.0%)	369 (14.1%)	917 (34.9%)	692 (26.4%)	411 (15.7%)	3.25	1.15
25	我喜歡炒熱團體內的氣氛。	219 (8.3%)	378 (14.4%)	860 (32.8%)	732 (27.9%)	435 (16.6%)	3.29	1.15
26	別人常說我是大家的開心果。	321 (12.2%)	530 (20.2%)	1084 (41.3%)	465 (17.7%)	224 (8.5%)	2.90	1.09
27	我常開自己玩笑來耍寶(耍寶意思滑稽，逗趣的行為)。	298 (11.4%)	574 (21.9%)	944 (36.0%)	565 (21.5%)	243 (9.3%)	2.95	1.12
28	只要我做得到的，我都很願意幫忙。	52 (2.0%)	164 (6.3%)	695 (26.5%)	1192 (45.4%)	521 (19.9%)	3.74	.91
29	我常站在別人的角度思考，試著去了解他們。	76 (2.9%)	178 (6.8%)	793 (30.2%)	1080 (41.2%)	497 (18.9%)	3.66	.95
30	我是一個很好的聽眾。	73 (2.8%)	155 (5.9%)	787 (30.0%)	1035 (39.4%)	574 (21.9%)	3.71	.96
31	看到別人有困難，我會主動去協助。	79 (3.0%)	212 (8.1%)	981 (37.4%)	1000 (38.1%)	352 (13.4%)	3.50	.92
32	我願意花時間擔任義工／志工。	269 (10.3%)	428 (16.3%)	952 (36.3%)	637 (24.3%)	338 (12.9%)	3.13	1.14
33	我會主動關心身旁的人	99 (3.8%)	209 (8.0%)	899 (34.3%)	1043 (39.7%)	374 (14.3%)	3.52	.95
34	我很享受我的生活是如此的充實平衡。	138 (5.3%)	329 (12.5%)	956 (36.8%)	810 (30.9%)	382 (14.6%)	3.36	1.04

n =2,624

題號	題目	非常不同意 次數(%)	不同意 次數(%)	沒意見 次數(%)	同意 次數(%)	非常同意 次數(%)	平均數	標準差
35	我覺得自己所擁有的比別人還多。	191 (7.3%)	459 (17.5%)	1002 (38.2%)	367 (24.3%)	335 (12.8%)	3.17	1.09
36	我覺得我的生活很幸福。	143 (5.4%)	266 (10.1%)	902 (34.4%)	770 (29.3%)	543 (20.7%)	3.49	1.09
37	別人說我很好相處。	108 (4.1%)	157 (6.0%)	1031 (39.3%)	881 (33.6%)	447 (17.0%)	3.53	.97
38	分組活動時，同學們喜歡跟我同一組	216 (8.2%)	332 (12.7%)	1238 (47.2%)	634 (24.2%)	204 (7.8%)	3.10	.99
39	我跟班上每位同學都處得不錯。	155 (5.9%)	306 (11.7%)	1072 (40.9%)	842 (32.1%)	249 (9.5%)	3.27	.98
40	我很容易交到朋友。	200 (7.6%)	362 (13.8%)	946 (36.1%)	772 (29.4%)	344 (13.1%)	3.26	1.09
41	當遇到不如意時，我會試著安撫自己的情緒。	125 (4.8%)	219 (8.3%)	806 (30.7%)	1024 (39.0%)	450 (17.1%)	3.55	1.02
42	遇到困難的當下，我能夠冷靜思考、不慌張。	155 (5.9%)	415 (15.9%)	958 (36.5%)	773 (29.5%)	323 (12.3%)	3.26	1.05
43	必要時，我會調整自己的情緒。	89 (3.4%)	162 (6.2%)	777 (29.6%)	1090 (41.5%)	506 (19.3%)	3.67	.96
44	我會用一些方法讓我保持平靜。	89 (3.4%)	184 (7.0%)	814 (31.0%)	1086 (41.4%)	451 (17.2%)	3.61	.96
45	遇到不開心的事情，我通常一下子就忘記了。	489 (18.6%)	591 (22.5%)	672 (25.6%)	492 (18.8%)	380 (14.5%)	2.87	1.31
46	遇到困難的時候，我會往好的方面去想。	371 (14.1%)	532 (20.3%)	801 (30.5%)	647 (24.7%)	273 (10.4%)	2.96	1.19
47	處於低潮時，我能夠轉換想法，讓自己心情好轉。	297 (11.3%)	449 (17.1%)	891 (34.0%)	652 (24.8%)	335 (12.8%)	3.10	1.17

六、心理健康、社會支持、青少年正向發展及青少年優勢力在基本資料之差異性分析

（一）心理健康

1. 負向情緒狀態

(1)負向情緒狀態在性別之差異情形

負向情緒狀態變項在「性別」背景變項之差異性分析經由獨立樣本 t 檢定可以得知，在性別差異對壓力/緊張，$t_{(2,622)}$=-7.598，p=.000<.001，顯示壓力/緊張在性別達顯著差異，發現女生對壓力/緊張覺知高於男生。在性別差異對焦慮，$t_{(2,622)}$=-10.711，p=.000<.001，顯示出焦慮在性別達顯著差異，發現女生對焦慮覺知高於男生。在性別差異對抑鬱，$t_{(2,622)}$=-4.472，p=.000<.0001，顯示出抑鬱在性別達顯著差異，發現女生對抑鬱覺知高於男生(見表4-17)。

表4-17 澳門地區青少年負向情緒狀態在性別之獨立樣本t檢定分析摘要表

n =2,624

檢定變項	性別	個數	平均數	標準差	t值	P值
壓力/緊張	男	1380	11.6029	5.68450	-7.598	.000
	女	1244	13.2235	5.24077		
焦慮	男	1380	8.5783	5.52459	-10.711	.000
	女	1244	10.8859	5.49539		
抑鬱	男	1380	7.8167	5.92818	-4.472	.000
	女	1244	8.8408	5.77874		

(2)負向情緒狀態在年齡之差異情形

負向情緒狀態變項在「年齡」背景變項之差異性分析經由獨立樣本單因子變異數分析 F 檢定可以得知，與年齡差異對壓力/緊張，$F_{(2, 2,621)}$=14.810，p=.000<.001，顯示壓力/緊張在年齡達顯著差異，經 *Scheffe* 事後比較發現：年齡在16歲以上青少年對負向情緒狀態壓力/緊張覺知高於年齡在12~13歲的青少年；年齡在16歲以上青少年對負向情緒狀態壓力/緊張覺知高於年齡在 14~15 歲的青少年。在年齡差異對焦慮，$F_{(2, 2,621)}$=11.020，p=.000<.001，顯示出焦慮在年齡達顯著差異，

經 *Scheffe* 事後比較發現：年齡在 16 歲以上青少年對負向情緒狀態焦慮覺知高於年齡在 12~13 歲的青少年；年齡在 16 歲以上青少年對負向情緒狀態焦慮覺知高於年齡在 14~15 歲的青少年。在年齡差異對抑鬱，$F_{(2, 2,621)}=18.397$，$p=.000<.001$，顯示出焦慮在年齡達顯著差異，經 *Scheffe* 事後比較發現：經 *Scheffe* 事後比較發現：年齡在 16 歲以上青少年對負向情緒狀態抑鬱覺知高於年齡在 12~13 歲的青少年；年齡在 16 歲以上青少年對負向情緒狀態抑鬱覺知高於年齡在 14~15 歲的青少年。(見表 4-18)。

表 4-18 澳門地區青少年負向情緒狀態在年齡之單因子變異數分析摘要表

n =2,624

檢定變項	年齡	個數	平均數	標準差	F 值	P 值	Scheffe 事後比較
壓力/緊張	12-13 歲	868	11.8433	5.63650	14.810	.000	16 歲以上>12~13 歲；16 歲以上~14~15 歲
	14-15 歲	747	11.9893	5.54314			
	16 歲以上	1009	13.1080	5.36867			
焦慮	12-13 歲	868	9.1198	5.56388	11.020	.000	16 歲以上>12~13 歲；16 歲以上~14~15 歲
	14-15 歲	747	9.4672	5.55860			
	16 歲以上	1009	10.2993	5.68062			
抑鬱	12-13 歲	868	7.9804	5.96517	18.397	.000	16 歲以上>12~13 歲；16 歲以上~14~15 歲
	14-15 歲	747	7.5328	5.46399			
	16 歲以上	1009	9.1487	5.99931			

(3)負向情緒狀態在年級之差異情形

負向情緒狀態變項在「年級」背景變項之差異性分析經由獨立樣本單因子變異數分析 F 檢定可以得知，與年級差異對壓力/緊張，$F_{(5, 2,618)}=8.452$，$p=.000<.001$，顯示壓力/緊張在年級達顯著差異，經 *Scheffe* 事後比較發現：年級在高中二年級的青少年對情緒壓力/緊張覺知高於年級在初中年一年級的青少年；年級在高中三年級的青少年對情緒壓力/緊張覺知高於年級在初中一年級的青少年；年級在高中三年

級的青少年對情緒壓力/緊張覺知高於年級在初中二年級的青少年；年級在高中三年級的青少年對情緒壓力/緊張覺知高於年級在初中三年級的青少年；年級在高中三年級的青少年對情緒壓力/緊張覺知高於年級在高中一年級的青少年。與年級差異對焦慮，$F_{(5, 2,618)}$=5.614，p=.000<.001，顯示焦慮在年級達顯著差異，經 *Scheffe* 事後比較發現：年級在高中二年級的青少年對情緒焦慮覺知高於年級在初中一年級的青少年；年級在高中三年級的青少年對情緒焦慮覺知高於年級在初中一年級的青少年；年級在高中三年級的青少年對情緒焦慮覺知高於年級在初中二年級的青少年。與年級差異對抑鬱，$F_{(5, 2,618)}$=6.888，p=.000<.001，顯示抑鬱在年級達顯著差異，經 *Scheffe* 事後比較發現：年級在高中二年級的青少年對情緒抑鬱覺知高於年級在高中一年級的青少年；年級在高中三年級的青少年對情緒抑鬱覺知高於年級在初中一年級的青少年；年級在高中三年級的青少年對情緒抑鬱覺知高於年級在初中二年級的青少年；年級在高中三年級的青少年對情緒抑鬱覺知高於年級在初中三年級的青少年；年級在高中三年級的青少年對情緒抑鬱覺知高於年級在高中一年級的青少年(見表 4-19)。

表 4-19 澳門地區青少年負向情緒狀態在年級之單因子變異數分析摘要表

n =2,624

檢定變項	年級	個數	平均數	標準差	F值	P值	Scheffe 事後比較
壓力/緊張	初中一年級	467	11.6681	5.77131	8.452	.000	高中二年級>初中一年級；高中三年級>初中一年級；高中三年級>初中二年級；高中三年級>初中三年級；高中三年級>高中一年級
	初中二年級	645	12.3085	5.43505			
	初中三年級	336	11.6786	5.47594			
	高中一年級	509	12.1513	5.44792			
	高中二年級	347	13.0778	5.36444			
	高中三年級	320	13.8344	5.46181			

n =2,624

檢定變項	年級	個數	平均數	標準差	F 值	P 值	Scheffe 事後比較
焦慮	初中一年級	467	9.0257	5.82648	5.614	.000	高中二年級>初中一年級；高中三年級>初中一年級；高中三年級>初中二年級；
	初中二年級	645	9.2217	5.31512			
	初中三年級	336	9.6637	5.68344			
	高中一年級	509	9.6582	5.55476			
	高中二年級	347	10.4524	5.82946			
	高中三年級	320	10.7094	5.58827			
抑鬱	初中一年級	467	7.9422	5.78689	6.888	.000	高中二年級>高中一年級；高中三年級>初中一年級；高中三年級>初中二年級；高中三年級>初中三年級；高中三年級>高中一年級
	初中二年級	645	8.1876	6.14300			
	初中三年級	336	8.0536	5.75496			
	高中一年級	509	7.5481	5.33966			
	高中二年級	347	9.1210	6.00504			
	高中三年級	320	9.6313	6.00848			

(4)負向情緒狀態在現居地之差異情形

負向情緒狀態變項在「現居地」背景變項之差異性分析經由獨立樣本 t 檢定可以得知，在現居地差異對壓力/緊張，$t_{(2,622)}$=-1.163，p=.254>.05，顯示壓力/緊張在現居地未達顯著差異。在現居地差異對焦慮，$t_{(2,622)}$=-1.943，p=.052>.05，顯示出焦慮在現居地未達顯著差異。在現居地差異對抑鬱，$t_{(2,622)}$=-1.482，p=.139>.05，顯示出抑鬱在現居地未達顯著差異(見表 4-20)。

表 4-20　澳門地區青少年負向情緒狀態在現居地之獨立樣本 t 檢定分析摘要表

n =2,624

檢定變項	現居地	個數	平均數	標準差	t值	P值
壓力/緊張	澳門	2397	12.3325	5.53031	-1.163	.245
	內地	227	12.7797	5.60380		
焦慮	澳門	2397	9.6066	5.61955	-1.943	.052
	內地	227	10.3656	5.69375		
抑鬱	澳門	2397	8.2499	5.85821	-1.482	.139
	內地	227	8.8546	6.07993		

(5)負向情緒狀態在教育程度之差異情形

負向情緒狀態變項在「教育程度」背景變項之差異性分析經由獨立樣本 t 檢定可以得知，在教育程度差異對壓力/緊張，$t_{(2,622)}$=-4.278，p=.000<.001，顯示壓力/緊張在教育程度達顯著差異，發現教育程度為高中生的青少年對情緒壓力/緊張覺知高於教育程度為初中的青少年。在教育程度差異對焦慮，$t_{(2,622)}$=-4.165，p=.000<.001，顯示出焦慮在教育程度達顯著差異，發現教育程度為高中生的青少年對情緒焦慮覺知高於教育程度為初中的青少年。在教育程度差異對抑鬱，$t_{(2,622)}$=-2.176，p=.030<.05，顯示出抑鬱在教育程度達顯著差異，發現教育程度為高中生的青少年對情緒抑鬱覺知高於教育程度為初中生的青少年(見表 4-21)。

表 4-21　澳門地區青少年負向情緒狀態在教育程度之獨立樣本 t 檢定分析摘要表

n =2,624

檢定變項	教育程度	個數	平均數	標準差	t值	P值
壓力/緊張	初中生	1448	11.9558	5.56020	-4.278	.000
	高中生	1176	12.8827	5.46757		
焦慮	初中生	1448	9.2610	5.57138	-4.165	.000
	高中生	1176	10.1786	5.66050		
抑鬱	初中生	1448	8.0773	5.93790	-2.176	.030
	高中生	1176	8.5791	5.79616		

(6)負向情緒狀態在居住狀況之差異情形

負向情緒狀態變項在「居住狀況」背景變項之差異性分析經由獨立樣本單因子變異數分析 F 檢定可以得知，與居住狀況差異對壓力/緊張，$F_{(5,2618)}$=3.294，p=.006<.01，顯示壓力/緊張在居住狀況達顯著

差異，經 *Scheffe* 事後比較發現：居住狀況為經濟房屋的青少年對負向情緒狀態壓力/緊張覺知高於居住狀況為自置物業的青少年。在居住狀況差異對焦慮，$F_{(5, 2618)}$=3.156，p=.008<.01，顯示出焦慮在居住狀況達顯著差異，經 *Scheffe* 事後比較發現：兩兩比較沒有差異；在居住狀況差異對抑鬱，$F_{(5, 2618)}$=2.700，p=.019<.05，顯示出抑鬱在居住狀況達顯著差異，經 *Scheffe* 事後比較發現：兩兩比較沒有差異 (見表 4-22)。

表 4-22　澳門地區青少年負向情緒狀態在居住狀況之單因子變異數分析摘要表

n =2,624

檢定變項	居住狀況	個數	平均數	標準差	F 值	P 值	Scheffe 事後比較
壓力/緊張	自置物業	1183	12.1699	5.64704	3.294	.006	經濟房屋>自置物業
	社會房屋	200	12.5900	5.20262			
	經濟房屋	215	13.5442	5.20214			
	租住單位	202	13.0446	4.94477			
	租住房間	60	11.7000	5.50285			
	不知道	764	12.1702	5.64849			
焦慮	自置物業	1183	9.2857	5.58547	3.156	.008	兩兩比較沒有差異
	社會房屋	200	10.0800	5.45457			
	經濟房屋	215	10.5907	5.61539			
	租住單位	202	10.2970	5.18713			
	租住房間	60	10.3500	5.69217			
	不知道	764	9.6872	5.80913			
抑鬱	自置物業	1183	7.9265	5.78526	2.700	.019	兩兩比較沒有差異
	社會房屋	200	8.0450	5.44991			
	經濟房屋	215	9.1907	6.06937			
	租住單位	202	8.8960	5.63165			
	租住房間	60	8.3333	5.82125			
	不知道	764	8.5419	6.10778			

(7)負向情緒狀態在父母婚姻狀況之差異情形

負向情緒狀態變項在「父母婚姻狀況」背景變項之差異性分析經由獨立樣本單因子變異數分析 F 檢定可以得知，與父母婚姻狀況差異對壓力/緊張，$F_{(2, 2621)}$=5.741，p=.003<.01，顯示壓力/緊張在父母婚姻狀況達顯著差異，經 *Scheffe* 事後比較發現：父母婚姻狀況為其他(如，父母死亡、離婚、分居、離婚等)的青少年對負向情緒狀態壓力/緊張覺知高於父母婚姻狀況為同住的青少年。在父母婚姻狀況差異對焦慮，

$F_{(2, 2,621)}$ =8.300，p=.000<.001，顯示出焦慮在父母婚姻狀況達顯著差異，經 *Scheffe* 事後比較發現：父母婚姻狀況為其他(如，父母死亡、離婚、分居、離婚等)的青少年對負向情緒狀態焦慮覺知高於父母婚姻狀況為同住的青少年。在父母婚姻狀況差異對抑鬱，$F_{(2, 2,621)}$ =8.946，p=.000<.001，顯示出抑鬱在父母婚姻狀況達顯著差異，經 *Scheffe* 事後比較發現：父母婚姻狀況為其他(如，父母死亡、離婚、分居、離婚等)的青少年對負向情緒狀態抑鬱覺知高於父母婚姻狀況為同住的青少年(見表 4-23)。

表 4-23 澳門地區青少年負向情緒狀態在父母婚姻狀況之單因子變異數分析摘要表

n =2,624

檢定變項	父母婚姻狀況	個數	平均數	標準差	F 值	P 值	Scheffe 事後比較
壓力/緊張	同住	2002	12.1708	5.52381	5.741	.003	其他(如，父母死亡、分居、離婚、其他)>同住
	因工作而分住	112	12.7232	5.75351			
	其他(如，父母死亡、分居、離婚等)	510	13.0804	5.48935			
焦慮	同住	2002	9.4331	5.54828	8.300	.000	其他(如，父母死亡、分居、離婚、其他)>同住
	因工作而分住	112	9.9018	6.11152			
	其他(如，父母死亡、分居、離婚等)	510	10.5608	5.75253			
抑鬱	同住	2002	8.0789	5.84198	8.946	.000	其他(如，父母死亡、分居、離婚、其他)>同住
	因工作而分住	112	7.8304	5.49838			
	其他(如，父母死亡、分居、離婚等)	510	9.2824	6.01167			

(8)負向情緒狀態在自覺課業表現之差異情形

負向情緒狀態變項在「自覺課業表現」背景變項之差異性分析經由獨立樣本單因子變異數分析 F 檢定可以得知，與自覺課業表現差異對壓力/緊張，$F_{(2, 2,621)}$ =28.415，p=.000<.001，顯示壓力/緊張在自覺

課業表現達顯著差異,經 *Scheffe* 事後比較發現:自覺課業表現不好的青少年對壓力/緊張的情緒高於自覺課業表現為普通也高於自覺課業表現為中上的青少年。在自覺課業表現差異對焦慮,$F_{(2, 2,621)}=23.355$,p=.000<.001,顯示出焦慮在自覺課業表現達顯著差異,經 *Scheffe* 事後比較發現:自覺課業表現不好的青少年對焦慮的情緒高於自覺課業表現為普通也高於自覺課業表現為中上的青少年。在自覺課業表現差異對抑鬱,$F_{(2, 2,621)}=88.627$,p=.000<.001,顯示出抑鬱在自覺課業表現達顯著差異,經 *Scheffe* 事後比較發現:自覺課業表現不好的青少年對抑鬱的情緒高於自覺課業表現為普通也高於自覺課業表現為中上的青少年(見表 4-24)。

表 4-24 澳門地區青少年負向情緒狀態在父母婚姻狀況之單因子變異數分析摘要表

n =2,624

檢定變項	自覺課業表現	個數	平均數	標準差	F值	P值	Scheffe 事後比較
壓力/緊張	中上	800	11.5725	5.52158	28.415	.000	不好>普通>中上
	普通	1610	12.4553	5.40362			
	不好	214	14.7243	5.88255			
焦慮	中上	800	8.8988	5.51035	23.355	.000	不好>普通>中上
	普通	1610	9.7752	5.52572			
	不好	214	11.7897	6.22939			
抑鬱	中上	800	6.7575	5.31074	88.627	.000	不好>普通>中上
	普通	1610	8.5124	5.68536			
	不好	214	12.4953	6.97800			

2.生活困擾

(1)生活困擾在性別之差異情形

生活困擾變項在「性別」背景變項之差異性分析經由獨立樣本 t 檢定可以得知,在性別差異對人際困擾,$t_{(2,622)}=-2.081$,p=.038<.05,顯示人際困擾在性別達顯著差異,發現性別為女生的人際困擾覺知高於性別為男生。在性別差異對學業困擾,$t_{(2,622)}=-8.799$,p=.000<.001,顯示出學業困擾在性別達顯著差異,發現女生對學業困擾覺知高於男生(見表 4-25)。

表 4-25　澳門地區青少年生活困擾在性別之獨立樣本 t 檢定分析摘要表

n =2,624

檢定變項	性別	個數	平均數	標準差	t 值	P 值
人際困擾	男	1380	14.2812	4.84067	-2.081	.038
	女	1244	14.6527	4.30532		
學業困擾	男	1380	10.7348	3.87747	-8.799	.000
	女	1244	12.0161	3.58100		

(2)生活困擾在年齡之差異情形

生活困擾變項在「年齡」背景變項之差異性分析經由獨立樣本單因子變異數分析 F 檢定可以得知，與年齡差異對人際困擾，$F_{(2, 2621)}$ =17.499，p=.000<.001，顯示人際困擾在年齡達顯著差異，經 Scheffe 事後比較發現：年齡在 16 歲以上青少年對人際困擾覺知高於年齡在 12~13 歲的青少年；年齡在 16 歲以上青少年對人際困擾覺知高於年齡在 14~15 歲的青少年。在年齡差異對學業困擾，$F_{(2, 2621)}$ =6.328，p=.002<.01，顯示出焦慮在年齡達顯著差異，經 Scheffe 事後比較發現：年齡在 16 歲以上青少年對學業困擾覺知高於年齡在 12~13 歲的青少年；年齡在 16 歲以上青少年對學業困擾覺知高於年齡在 14~15 歲的青少年(見表 4-26)。

表 4-26　澳門地區青少年生活困擾在年齡之單因子變異數分析摘要表

n =2,624

檢定變項	年齡	個數	平均數	標準差	F 值	P 值	Scheffe 事後比較
人際困擾	12-13 歲	868	14.0403	4.56373	17.499	.000	16 歲以上>12~13 歲；16 歲以上>14~15 歲
	14-15 歲	747	14.0402	4.20691			
	16 歲以上	1009	15.1249	4.82350			
學業困擾	12-13 歲	868	11.1118	3.84056	6.328	.002	16 歲以上>12~13 歲；16 歲以上>14~15 歲
	14-15 歲	747	11.1620	3.87530			
	16 歲以上	1009	11.6739	3.66960			

(3)生活困擾在年級之差異情形

生活困擾變項在「年級」背景變項之差異性分析經由獨立樣本單因子變異數分析 F 檢定可以得知,與年級差異對人際困擾,$F_{(5, 2,618)}$=3.915,p=.002<.01,顯示人際困擾在年級達顯著差異,經 *Scheffe* 事後比較發現:青少年年級在高中三年級對人際困擾覺知高於年級在初中一年級青少年。與年級差異對學業困擾,$F_{(5, 2,618)}$=3.708,p=.002<.01,顯示學業困擾在年級達顯著差異,經 *Scheffe* 事後比較發現:兩兩比較沒有差異(見表 4-27)。

表 4-27　澳門地區青少年生活困擾在年級之單因子變異數分析摘要表

n =2,624

檢定變項	年級	個數	平均數	標準差	F值	P值	Scheffe 事後比較
人際困擾	初中一年級	467	13.9615	4.65028	3.915	.002	高中三年級>初中一年級
	初中二年級	645	14.3163	4.55837			
	初中三年級	336	14.3006	4.57463			
	高中一年級	509	14.4106	4.49829			
	高中二年級	347	14.8329	4.53066			
	高中三年級	320	15.2969	4.74451			
學業困擾	初中一年級	467	11.0300	3.95239	3.708	.002	兩兩比較沒有差異
	初中二年級	645	11.4806	3.78067			
	初中三年級	336	11.2232	3.99263			
	高中一年級	509	10.9587	3.63007			
	高中二年級	347	11.7579	3.67764			
	高中三年級	320	11.8031	3.66402			

(4)生活困擾在現居地之差異情形

生活困擾變項在「現居地」背景變項之差異性分析經由獨立樣本 t 檢定可以得知,在現居地差異對人際困擾,$t_{(2,622)}$=-1.529,p=.126>.05,顯示人際困擾在現居地未達顯著差異。在現居地差異對學業困擾,$t_{(2,622)}$=-.921,p=.357>.05,顯示出學業困擾在現居地未達顯著差異(見表 4-28)。

表 4-28　澳門地區青少年生活困擾在現居地之獨立樣本 t 檢定分析摘要表

n =2,624

檢定變項	現居地	個數	平均數	標準差	t值	P值
人際困擾	澳門	2397	14.4151	4.57765	-1.529	.126
	內地	227	14.9031	4.79023		
學業困擾	澳門	2397	11.3212	3.79376	-.921	.357
	內地	227	11.5639	3.79206		

(5)生活困擾在教育程度之差異情形

生活困擾變項在「教育程度」背景變項之差異性分析經由獨立樣本 t 檢定可以得知，在教育程度差異對人際困擾，$t_{(2,622)}$=-3.209，p=.001<.01，顯示人際困擾在教育程度達顯著差異，發現教育程度為高中生的青少年對人際困擾覺知高於教育程度為初中生的青少年。在教育程度差異對學業困擾，$t_{(2,622)}$=-1.005，p=.315>.05，顯示出學業困擾在教育程度未達顯著差異(見表 4-29)。

表 4-29　澳門地區青少年生活困擾在教育程度之獨立樣本 t 檢定分析摘要表

n =2,624

檢定變項	教育程度	個數	平均數	標準差	t值	P值
人際困擾	初中生	1448	14.1982	4.59170	-3.209	.001
	高中生	1176	14.7764	4.58658		
學業困擾	初中生	1448	11.2756	3.88866	-1.005	.315
	高中生	1176	11.4243	3.67293		

(6)生活困擾在居住狀況之差異情形

生活困擾變項在「居住狀況」背景變項之差異性分析經由獨立樣本單因子變異數分析 F 檢定可以得知，與居住狀況差異對人際困擾，$F_{(5,2618)}$=5.029，p=.000<.001，顯示人際困擾在居住狀況達顯著差異，經 Scheffe 事後比較發現：居住狀況為經濟房屋的青少年對人際困擾覺知高於居住狀況為自置物業的青少年；居住狀況為經濟房屋的青少年對人際困擾覺知高於居住狀況為不知道的青少年。在居住狀況差異對學業困擾，$F_{(5,2618)}$=1.893，p=.092>.05，顯示出學業困擾在居住狀況未達顯著差異(見表 4-30)。

表 4-30　澳門地區青少年生活困擾在居住狀況之單因子變異數分析摘要表

n =2,624

檢定變項	居住狀況	個數	平均數	標準差	F 值	P 值	Scheffe 事後比較
人際困擾	自置物業	1183	14.2527	4.51238	5.029	.000	經濟房屋>自置物業；經濟房屋>不知道
	社會房屋	200	14.9900	4.40761			
	經濟房屋	215	15.5860	4.68651			
	租住單位	202	14.8416	4.65578			
	租住房間	60	15.3167	4.56401			
	不知道	764	14.1479	4.67786			
學業困擾	自置物業	1183	11.2375	3.83658	1.893	.092	
	社會房屋	200	11.5450	3.63926			
	經濟房屋	215	11.9070	3.66477			
	租住單位	202	11.7228	3.61759			
	租住房間	60	11.0833	3.51410			
	不知道	764	11.2120	3.85580			

(7)生活困擾在父母婚姻狀況之差異情形

　　生活困擾變項在「父母婚姻狀況」背景變項之差異性分析經由獨立樣本單因子變異數分析 F 檢定可以得知，與父母婚姻狀況差異對人際困擾，$F_{(2, 2621)}$ =34.970，p=.000<.001，顯示人際困擾在父母婚姻狀況達顯著差異，經 *Scheffe* 事後比較發現：父母婚姻狀況為其他(如，父母死亡、分居、離婚等)的青少年對人際困擾覺知高於父母婚姻狀況為同住的青少年；父母婚姻狀況為其他(如，父母死亡、分居、離婚等)的青少年對人際困擾覺知高於父母婚姻狀況為因工作而分居的青少年。在父母婚姻狀況差異對學業困擾，$F_{(2, 2621)}$ =4.607，p=.010<.05，顯示出學業困擾在父母婚姻狀況達顯著差異，經 *Scheffe* 事後比較發現：父母婚姻狀況為其他(如，父母死亡、分居、離婚等)的青少年對學業困擾覺知高於父母婚姻狀況為同住的青少年(見表 4-31)。

表 4-31　澳門地區青少年生活困擾在父母婚姻狀況之單因子變異數分析摘要表

n =2,624

檢定變項	父母婚姻狀況	個數	平均數	標準差	F值	P值	Scheffe 事後比較
人際困擾	同住	2002	14.0659	4.46595	34.970	.000	其他(如，父母死亡、分居、離婚、其他)>同住；其他(如，父母死亡、分居、離婚、其他)>因工作而分住
	因工作而分住	112	14.6786	4.93419			
	其他(如，父母死亡、分居、離婚等)	510	15.9451	4.73055			
學業困擾	同住	2002	11.2233	3.80741	4.607	.010	其他(如，父母死亡、分居、離婚、其他)>同住
	因工作而分住	112	11.4196	3.97433			
	其他(如，父母死亡、分居、離婚等)	510	11.7922	3.66954			

(8)生活困擾在自覺課業表現之差異情形

　　生活困擾變項在「自覺課業表現」背景變項之差異性分析經由獨立樣本單因子變異數分析 F 檢定可以得知，與自覺課業表現差異對人際困擾，$F_{(2, 2621)}$ =46.637，p=.000<.001，顯示人際困擾在自覺課業表現達顯著差異，經 Scheffe 事後比較發現：自覺課業表現不好的青少年對人際困擾的情緒高於自覺課業表現為普通也高於自覺課業表現為中上的青少年。在自覺課業表現差異對學業困擾，$F_{(2, 2621)}$ =44.156，p=.000<.001，顯示出學業困擾在自覺課業表現達顯著差異，經 Scheffe 事後比較發現：自覺課業表現不好的青少年對學業困擾的情緒高於自覺課業表現為普通也高於自覺課業表現為中上的青少年(見表 4-32)。

表 4-32　澳門地區青少年生活困擾在父母婚姻狀況之單因子變異數分析摘要表

n =2,624

檢定變項	自覺課業表現	個數	平均數	標準差	F值	P值	Scheffe 事後比較
人際困擾	中上	800	13.7213	4.32978	46.637	.000	不好>普通>中上
	普通	1610	14.4745	4.49787			
	不好	214	17.0794	5.31083			
學業困擾	中上	800	10.5788	3.83760	44.156	.000	不好>普通>中上
	普通	1610	11.4752	3.67390			
	不好	214	13.1963	3.77274			

（二）社會支持

1.家人支持

    (1)家人社會支持在性別之差異情形

家人社會支持變項在「性別」背景變項之差異性分析經由獨立樣本 t 檢定可以得知，在性別差異對家人情緒性支持，$t_{(2,622)}=3.162$，p=.002<.01，顯示家人情緒性支持在性別達顯著差異，發現性別為男生的青少年覺知家人情緒性支持高於性別為女生的青少年。在性別差異對家人工具性支持，$t_{(2,622)}=1.484$，p=.138>.05，顯示出家人工具性支持在性別未達顯著差異。在性別差異對家人訊息性支持，$t_{(2,622)}=4.879$，p=.000<.001，顯示出家人訊息性支持在性別達顯著差異，發現性別為男生的青少年對家人訊息性支持覺知高於性別為女生的青少年(見表 4-33)。

表 4-33　澳門地區青少年家人社會支持在性別之獨立樣本 t 檢定分析摘要表

n =2,624

檢定變項	性別	個數	平均數	標準差	t 值	P 值
家人情緒性支持	男	1380	14.1326	3.66121	3.162	.002
	女	1244	13.6905	3.47984		
家人工具性支持	男	1380	18.7928	3.94990	1.484	.138
	女	1244	18.5707	3.68498		
家人訊息性支持	男	1380	14.4167	3.68064	4.879	.000
	女	1244	13.7178	3.64405		

    (2)家人社會支持在年齡之差異情形

家人社會支持變項在「年齡」背景變項之差異性分析經由獨立樣本單因子變異數分析 F 檢定可以得知，與年齡差異對家人情緒性支持，$F_{(2,2621)}=2.359$，p=.095>.05，顯示家人情緒性支持在年齡未達顯著差異。在年齡差異對家人工具性支持，$F_{(2,2621)}=1.399$，p=.247>.05，顯示出家人工具性支持在年齡未達顯著差異。在年齡差異對家人訊息性支持，$F_{(2,2621)}=8.082$，p=.000<.001，顯示出家人工具性支持在年齡達顯著差異，經 *Scheffe* 事後比較發現：年齡在 12~13 歲的青少年對家人訊息性支持覺知高於年齡在 16 歲以上青少年(見表 4-34)。

表 4-34 澳門地區青少年家人社會支持在年齡之單因子變異數分析摘要表

n =2,624

檢定變項	年齡	個數	平均數	標準差	F 值	P 值	Scheffe 事後比較
家人情緒性支持	12-13 歲	868	13.9689	3.68171	2.359	.095	
	14-15 歲	747	14.1111	3.45476			
	16 歲以上	1009	13.7443	3.58403			
家人工具性支持	12-13 歲	868	18.6452	3.85682	1.399	.247	
	14-15 歲	747	18.8809	3.57913			
	16 歲以上	1009	18.5808	3.97558			
家人訊息性支持	12-13 歲	868	14.4124	3.70547	8.082	.000	12~13 歲 >16 歲
	14-15 歲	747	14.1700	3.57407			
	16 歲以上	1009	13.7413	3.70750			

(3)家人社會支持在年級之差異情形

家人社會支持變項在「年級」背景變項之差異性分析經由獨立樣本單因子變異數分析 F 檢定可以得知，與年級差異對家人情緒性支持，$F_{(5, 2618)}$=1.571，p=.165>.05，顯示家人情緒性支持在年級未達顯著差異。與年級差異對家人工具性支持，$F_{(5, 2618)}$=1.062，p=.379>.05，顯示家人工具性支持在年級未達顯著差異。與年級差異對家人訊息性支持，$F_{(5, 2618)}$=2.873，p=.014<.05，顯示家人訊息性支持在年級達顯著差異，經 Scheffe 事後比較發現：兩兩比較沒有差異(見表 4-35)。

表 4-35 澳門地區青少年家人社會支持在年級之單因子變異數分析摘要表

n =2,624

檢定變項	年級	個數	平均數	標準差	F 值	P 值	Scheffe 事後比較
家人情緒性支持	初中一年級	467	13.9914	3.63695	1.571	.165	
	初中二年級	645	13.8062	3.66975			
	初中三年級	336	13.8690	3.68468			
	高中一年級	509	14.2161	3.39355			
	高中二年級	347	13.5764	3.40720			
	高中三年級	320	14.0250	3.67649			
家人工具性支持	初中一年級	467	18.6660	3.85351	1.062	.379	
	初中二年級	645	18.6217	3.89012			
	初中三年級	336	18.4315	3.95890			
	高中一年級	509	18.9234	3.71420			
	高中二年級	347	18.5331	3.68577			
	高中三年級	320	18.9125	3.84803			
家人訊息性支持	初中一年級	467	14.5011	3.76531	2.873	.014	兩兩比較沒有關係
	初中二年級	645	14.0651	3.70187			
	初中三年級	336	14.0476	3.66559			
	高中一年級	509	14.2554	3.58167			
	高中二年級	347	13.7176	3.48918			
	高中三年級	320	13.6875	3.81827			

(4) 家人社會支持在現居地之差異情形

家人社會支持變項在「現居地」背景變項之差異性分析經由獨立樣本 t 檢定可以得知，在現居地差異對家人情緒性支持，t$_{(2,622)}$=2.105，p=.035<.05，顯示家人情緒性支持在現居地達顯著差異，發現現居地為澳門的青少年覺知家人情緒性支持高於現居地為內地的青少年。在現居地差異對家人工具性支持，t$_{(2,622)}$=1.144，p=.253>.05，顯示出家人工具性支持在現居地未達顯著差異。在現居地差異對家人訊息性支持，t$_{(2,622)}$=2.141，p=.032<.05，顯示出家人訊息性支持在現居地達顯著差異，發現現居地為澳門的青少年對家人訊息性支持覺知高於現居地為內地的青少年(見表 4-36)。

表 4-36　澳門地區青少年家人社會支持在現居地之獨立樣本 t 檢定分析摘要表

n =2,624

檢定變項	現居地	個數	平均數	標準差	t 值	P 值
家人情緒性支持	澳門	2397	13.9683	3.57355	2.105	.035
	內地	227	13.4449	3.64950		
家人工具性支持	澳門	2397	18.7138	3.79931	1.144	.253
	內地	227	18.4097	4.11177		
家人訊息性支持	澳門	2397	14.1327	3.67002	2.141	.032
	內地	227	13.5859	3.74702		

(5)家人社會支持在教育程度之差異情形

家人社會支持變項在「教育程度」背景變項之差異性分析經由獨立樣本 t 檢定可以得知，在教育程度差異對家人情緒性支持，t$_{(2,622)}$=-.678，p=.498>.05，顯示家人情緒性支持在教育程度未達顯著差異。在教育程度差異對家人工具性支持，t$_{(2,622)}$=-1.427，p=.156>.05，顯示出家人工具性支持在教育程度未達顯著差異。在教育程度差異對家人訊息性支持，t$_{(2,622)}$=1.797，p=.072>.05，顯示出家人訊息性支持在教育程度未達顯著差異(見表 4-37)。

表 4-37　澳門地區青少年家人社會支持在教育程度之獨立樣本 t 檢定分析摘要表

n =2,624

檢定變項	教育程度	個數	平均數	標準差	t 值	P 值
家人情緒性支持	初中生	1448	13.8805	3.66103	-.678	.498
	高中生	1176	13.9753	3.48422		
家人工具性支持	初中生	1448	18.5919	3.89281	-1.427	.156
	高中生	1176	18.8053	3.74375		
家人訊息性支持	初中生	1448	14.2017	3.71730	1.797	.072
	高中生	1176	13.9422	3.62827		

(6)家人社會支持在居住狀況之差異情形

家人社會支持變項在「居住狀況」背景變項之差異性分析經由獨立樣本單因子變異數分析 F 檢定可以得知，與居住狀況差異對家人情緒性支持，$F_{(5, 2618)}$=.839，p=.522>.05，顯示家人情緒性支持在居住狀況未達顯著差異。在居住狀況差異對家人工具性支持，$F_{(5, 2618)}$=2.618，p=.023<.05，顯示出家人工具性支持在居住狀況達顯著差異，經 Scheffe 事後比較發現：兩兩比較沒有差異。在居住狀況差異對家人訊息性支持，$F_{(5, 2618)}$=1.064，p=.378>.05，顯示出家人訊息性支持在居住狀況未達顯著差異(見表 4-38)。

表 4-38　澳門地區青少年家人社會支持在居住狀況之單因子變異數分析摘要表

n =2,624

檢定變項	居住狀況	個數	平均數	標準差	F 值	P 值	Scheffe 事後比較
家人情緒性支持	自置物業	1183	14.0313	3.63149	.839	.522	
	社會房屋	200	13.8400	3.29525			
	經濟房屋	215	13.6698	3.46110			
	租住單位	202	14.0594	3.71181			
	租住房間	60	13.3833	2.97499			
	不知道	764	13.8547	3.62149			
家人工具性支持	自置物業	1183	18.9611	3.80180	2.618	.023	兩兩比較沒有差異
	社會房屋	200	18.7750	3.45457			
	經濟房屋	215	18.2837	3.57411			
	租住單位	202	18.5396	4.13827			
	租住房間	60	18.5000	3.92083			
	不知道	764	18.4084	3.91465			
家人訊息性支持	自置物業	1183	14.1919	3.66899	1.064	.378	
	社會房屋	200	13.9100	3.56447			
	經濟房屋	215	13.8698	3.36998			
	租住單位	202	14.1832	3.96767			
	租住房間	60	13.2667	3.72289			
	不知道	764	14.0654	3.72423			

(7)家人社會支持在父母婚姻狀況之差異情形

家人社會支持變項在「父母婚姻狀況」背景變項之差異性分析經由獨立樣本單因子變異數分析 F 檢定可以得知，與父母婚姻狀況差異對家人情緒性支持，$F_{(2, 2621)}$=10.107，p=.000<.001，顯示家人情緒性支持在父母婚姻狀況達顯著差異，經 Scheffe 事後比較發現：父母婚姻狀況為同住的青少年對家人情緒性支持高於父母婚姻狀況為其他(如，父母死亡、分居、離婚

等)青少年；父母婚姻狀況為因工作而分住的青少年對家人情緒性支持高於父母婚姻狀況為其他(如，父母死亡、分居、離婚等)青少年。在父母婚姻狀況差異對家人工具性支持，$F_{(2, 2,621)}$=6.249，p=.002<.01，顯示出家人工具性支持在父母婚姻狀況達顯著差異，經 *Scheffe* 事後比較發現：父母婚姻狀況為同住的青少年對家人工具性支持高於父母婚姻狀況為其他(如，父母死亡、分居、離婚等)青少年。在父母婚姻狀況差異對家人訊息性支持，$F_{(2, 2,621)}$=19.336，p=.000<.001，顯示出家人訊息性支持在父母婚姻狀況達顯著差異，經 *Scheffe* 事後比較發現：父母婚姻狀況為同住的青少年對家人訊息性支持高於父母婚姻狀況為其他(如，父母死亡、分居、離婚等)青少年；父母婚姻狀況為因工作而分住的青少年對家人訊息性支持高於父母婚姻狀況為其他(如，父母死亡、分居、離婚等)青少年(見表 4-39)。

表 4-39 澳門地區青少年家人社會支持在父母婚姻狀況之單因子變異數分析摘要表

n =2,624

檢定變項	父母婚姻狀況	個數	平均數	標準差	F 值	P 值	Scheffe 事後比較
家人情緒性支持	同住	2002	14.0629	3.54595	10.107	.000	同住>其他(如，父母死亡、分居、離婚等)；因工作而分住>其他(如，父母死亡、分居、離婚等)
	因工作而分住	112	14.2946	3.54034			
	其他(如，父母死亡、分居、離婚等)	510	13.2922	3.66995			
家人工具性支持	同住	2002	18.8227	3.75060	6.249	.002	同住>其他(如，父母死亡、分居、離婚等)
	因工作而分住	112	18.7054	3.73355			
	其他(如，父母死亡、分居、離婚等)	510	18.1529	4.09803			
家人訊息性支持	同住	2002	14.3017	3.60117	19.336	.000	同住>其他(如，父母死亡、分居、離婚等)；因工作而分住>其他(如，父母死亡、分居、離婚等)
	因工作而分住	112	14.3304	3.38622			
	其他(如，父母死亡、分居、離婚等)	510	13.1824	3.90658			

(8)家人社會支持在自覺課業表現之差異情形

家人社會支持變項在「自覺課業表現」背景變項之差異性分析經由獨立樣本單因子變異數分析 F 檢定可以得知，與自覺課業表現差異對家人情緒性支持，$F_{(2, 2621)}$=21.341，p=.000<.001，顯示家人情緒性支持在自覺課業表現達顯著差異，經 Scheffe 事後比較發現：自覺課業表現中上青少年對家人情緒性支持覺知高於自覺課業表現在普通的青少年也高於自覺課業表現不好的青少年。在自覺課業表現差異對家人工具性支持，$F_{(2, 2621)}$=21.149，p=.000<.001，顯示出家人工具性支持在自覺課業表現達顯著差異，經 Scheffe 事後比較發現：自覺課業表現中上青少年對家人工具性支持覺知高於自覺課業表現在普通的青少年也高於自覺課業表現不好的青少年。。在自覺課業表現差異對家人訊息性支持，$F_{(2, 2621)}$=15.334，p=.000<.001，顯示出家人訊息性支持在自覺課業表現達顯著差異，經 Scheffe 事後比較發現：自覺課業表現中上青少年對家人訊息性支持覺知高於自覺課業表現在普通的青少年也高於自覺課業表現不好的青少年(見表 4-40)。

表 4-40　澳門地區青少年家人社會支持在父母婚姻狀況之單因子變異數分析摘要表

n =2,624

檢定變項	自覺課業表現	個數	平均數	標準差	F 值	P 值	Scheffe 事後比較
家人情緒性支持	中上	800	14.3863	3.64433	21.341	.000	中上>普通>不好
	普通	1610	13.8658	3.41814			
	不好	214	12.6215	4.17591			
家人工具性支持	中上	800	19.3000	3.79117	21.149	.000	中上>普通>不好
	普通	1610	18.5329	3.65603			
	不好	214	17.5607	4.75933			
家人訊息性支持	中上	800	14.4100	3.72280	15.334	.000	中上>普通>不好
	普通	1610	14.0882	3.53369			
	不好	214	12.8505	4.29609			

2.同儕支持

(1)同儕社會支持在性別之差異情形

　　同儕社會支持變項在「性別」背景變項之差異性分析經由獨立樣本 t 檢定可以得知，在性別差異對同儕情緒性支持，t$_{(2,622)}$=-9.943，p=.000<.001，顯示同儕情緒性支持在性別達顯著差異，發現性別為女生的青少年有同儕情緒性支持覺知高於男生。在性別差異對同儕工具性支持，t$_{(2,622)}$=-2.763，p=.006<.01，顯示出同儕工具性支持在性別達顯著差異，發現性別為女生的青少年有同儕工具性支持覺知高於性別為男生的青少年。在性別差異對同儕訊息性支持，t$_{(2,622)}$=-6.200，p=.000<.001，顯示出同儕訊息性支持在性別達顯著差異，發現性別為女生青少年對同儕訊息性支持覺知高於男生(見表 4-41)。

表 4-41　澳門地區青少年同儕社會支持在性別之獨立樣本 t 檢定分析摘要表

n =2,624

檢定變項	性別	個數	平均數	標準差	t 值	P 值
同儕情緒性支持	男	1380	13.4000	3.26930	-9.943	.000
	女	1244	14.5900	2.86108		
同儕工具性支持	男	1380	15.6043	3.96851	-2.763	.006
	女	1244	16.0048	3.45503		
同儕訊息性支持	男	1380	13.7645	3.37852	-6.200	.000
	女	1244	14.5322	2.96340		

(2)同儕社會支持在年齡之差異情形

　　同儕社會支持變項在「年齡」背景變項之差異性分析經由獨立樣本單因子變異數分析 F 檢定可以得知，與年齡差異對同儕情緒性支持，F$_{(2,2621)}$=3.340，p=.036<.05，顯示同儕情緒性支持在年齡達顯著差異，經 *Scheffe* 事後比較發現：兩兩比較沒有差異。在年齡差異對同儕工具性支持，F$_{(2,2621)}$=2.873，p=.057>.05，顯示出同儕工具性支持在年齡未達顯著差異。在年齡差異對同儕訊息性支持，F$_{(2,2621)}$=4.080，p=.017<.05，顯示出同儕工具性支持在年齡達顯著差異，經 *Scheffe* 事後比較發現：年齡在 14~15 歲的青少年對同儕訊息性支持覺知高於年

齡在 12~13 歲的青少年，年齡在 16 歲以上的青少年對同儕訊息性支持覺知高於年齡在 12~13 歲的青少年(見表 4-42)。

表 4-42 澳門地區青少年同儕社會支持在年齡之單因子變異數分析摘要表

n =2,624

檢定變項	年齡	個數	平均數	標準差	F 值	P 值	Scheffe 事後比較
同儕情緒性支持	12-13 歲	868	13.7408	3.22881	3.340	.036	兩兩比較沒有差異
	14-15 歲	747	14.1017	3.07159			
	16 歲以上	1009	14.0545	3.10178			
同儕工具性支持	12-13 歲	868	15.5472	3.92388	2.873	.057	
	14-15 歲	747	15.9451	3.56644			
	16 歲以上	1009	15.8949	3.69240			
同儕訊息性支持	12-13 歲	868	13.8744	3.44663	4.080	.017	14~15 歲>12~13 歲；16 歲以上>12~13 歲
	14-15 歲	747	14.2677	3.07469			
	16 歲以上	1009	14.2438	3.08704			

(3)同儕社會支持在年級之差異情形

同儕社會支持變項在「年級」背景變項之差異性分析經由獨立樣本單因子變異數分析 F 檢定可以得知，與年級差異對同儕情緒性支持，$F_{(5, 2,618)}$ =3.447，p=.004<.01，顯示同儕情緒性支持在年級達顯著差異，經 Scheffe 事後比較發現：兩兩比較沒有差異。與年級差異對同儕工具性支持，$F_{(5, 2,618)}$ =1.681，p=.136>.05，顯示同儕工具性支持在年級未達顯著差異。與年級差異對同儕訊息性支持，$F_{(5, 2,618)}$ =3.929，p=.001<.01，顯示同儕訊息性支持在年級達顯著差異，經 Scheffe 事後比較發現：年級在高中一年的青少年對同儕訊息性支持覺知高於年級在初中一年級的青少年(見表 4-43)。

表 4-43 澳門地區青少年同儕社會支持在年級之單因子變異數分析摘要表

n =2,624

檢定變項	年級	個數	平均數	標準差	F 值	P 值	Scheffe 事後比較
同儕情緒性支持	初中一年級	467	13.6081	3.38112	3.447	.004	兩兩比較沒有差異
	初中二年級	645	14.0326	3.03200			
	初中三年級	336	13.5833	3.26979			
	高中一年級	509	14.1729	2.94262			
	高中二年級	347	14.0980	3.05000			
	高中三年級	320	14.2688	3.17952			
同儕工具性支持	初中一年級	467	15.5139	3.98782	1.681	.136	
	初中二年級	645	15.8682	3.74659			
	初中三年級	336	15.6369	3.52208			
	高中一年級	509	16.0452	3.68546			
	高中二年級	347	16.0317	3.50006			
	高中三年級	320	15.5625	3.87854			

n =2,624

檢定變項	年級	個數	平均數	標準差	F值	P值	Scheffe事後比較
同儕訊息性支持	初中一年級	467	13.6809	3.66384	3.929	.001	高中一年級>初中一年級
	初中二年級	645	14.3209	3.10143			
	初中三年級	336	13.7679	3.20629			
	高中一年級	509	14.3713	2.98052			
	高中二年級	347	14.2651	2.94045			
	高中三年級	320	14.2375	3.28478			

(4)同儕社會支持在現居地之差異情形

同儕社會支持變項在「現居地」背景變項之差異性分析經由獨立樣本 t 檢定可以得知，在現居地差異對同儕情緒性支持，$t_{(2,622)}$=-2.195，p=.028<.05，顯示同儕情緒性支持在現居地達顯著差異，發現現居地為內地的青少年覺知同儕情緒性支持高於現居地為澳門的青少年。在現居地差異對同儕工具性支持，$t_{(2,622)}$=-1.648，p=.099>.05，顯示出同儕工具性支持在現居地未達顯著差異。在現居地差異對同儕訊息性支持，$t_{(2,622)}$=-.927，p=.354>.05，顯示出同儕訊息性支持在現居地未達顯著差異(見表 4-44)。

表 4-44　澳門地區青少年同儕社會支持在現居地之獨立樣本 t 檢定分析摘要表

n =2,624

檢定變項	現居地	個數	平均數	標準差	t值	P值
同儕情緒性支持	澳門	2397	13.9228	3.13795	-2.195	.028
	內地	227	14.4009	3.12039		
同儕工具性支持	澳門	2397	15.7572	3.77379	-1.648	.099
	內地	227	16.1850	3.32610		
同儕訊息性支持	澳門	2397	14.1106	3.21682	-.927	.354
	內地	227	14.3172	3.14767		

(5)同儕社會支持在教育程度之差異情形

同儕社會支持變項在「教育程度」背景變項之差異性分析經由獨立樣本 t 檢定可以得知，在教育程度差異對同儕情緒性支持，$t_{(2,622)}$=-3.151，p=.002<.01，顯示同儕情緒性支持在教育程度達顯著差異，發現教育程度在高中生的青少年對同儕情緒性支持覺知高於教育程度在初中的青少年。在教育程度差異對同儕工具性支持，$t_{(2,622)}$=-1.428，p=.153>.05，顯示出同儕工具性支持在教育程度未達顯著差異。在教

育程度差異對同儕訊息性支持，$t_{(2,622)}$=-2.543，p=.011<.05，顯示出同儕訊息性支持在教育程度達顯著差異，發現教育程度為高中生的青少年對同儕訊息性支持覺知高於教育程度為初中的青少年(見表4-45)。

表4-45 澳門地區青少年同儕社會支持在教育程度之獨立樣本t檢定分析摘要表

n =2,624

檢定變項	教育程度	個數	平均數	標準差	t值	P值
同儕情緒性支持	初中生	1448	13.7914	3.20860	-3.151	.002
	高中生	1176	14.1769	3.03837		
同儕工具性支持	初中生	1448	15.7003	3.77695	-1.428	.153
	高中生	1176	15.9099	3.68902		
同儕訊息性支持	初中生	1448	13.9862	3.32793	-2.543	.011
	高中生	1176	14.3036	3.05282		

(6)同儕社會支持在居住狀況之差異情形

同儕社會支持變項在「居住狀況」背景變項之差異性分析經由獨立樣本單因子變異數分析 F 檢定可以得知，與居住狀況差異對同儕情緒性支持，$F_{(5,2,618)}$=2.003，p=.075>.05，顯示同儕情緒性支持在居住狀況未達顯著差異。在居住狀況差異對同儕工具性支持，$F_{(5,2,618)}$=1.081，p=.369>.05，顯示出同儕工具性支持在居住狀況未達顯著差異。在居住狀況差異對同儕訊息性支持，$F_{(5,2,618)}$=1.232，p=.291>.05，顯示出同儕訊息性支持在居住狀況未達顯著差異(見表4-46)。

表4-46 澳門地區青少年同儕社會支持在居住狀況之單因子變異數分析摘要表

n =2,624

檢定變項	居住狀況	個數	平均數	標準差	F值	P值
同儕情緒性支持	自置物業	1183	14.0541	3.16876	2.003	.075
	社會房屋	200	14.2750	2.93983		
	經濟房屋	215	13.8000	3.33377		
	租住單位	202	14.2426	2.89717		
	租住房間	60	14.0000	3.24168		
	不知道	764	13.7134	3.12857		
同儕工具性支持	自置物業	1183	15.8910	3.74086	1.081	.369
	社會房屋	200	16.1300	3.48480		
	經濟房屋	215	15.5256	3.99159		
	租住單位	202	15.6386	3.69120		
	租住房間	60	15.2667	3.12923		
	不知道	764	15.7147	3.77996		

n =2,624

檢定變項	居住狀況	個數	平均數	標準差	F值	P值
同儕訊息性支持	自置物業	1183	14.2257	3.24138	1.232	.291
	社會房屋	200	14.3350	2.96085		
	經濟房屋	215	14.1488	3.39546		
	租住單位	202	14.2426	2.96339		
	租住房間	60	13.9167	3.05482		
	不知道	764	13.9045	3.24452		

(7)同儕社會支持在父母婚姻狀況之差異情形

同儕社會支持變項在「父母婚姻狀況」背景變項之差異性分析經由獨立樣本單因子變異數分析 F 檢定可以得知，與父母婚姻狀況差異對同儕情緒性支持，$F_{(2, 2,621)}$=.310，p=.733>.05，顯示同儕情緒性支持在父母婚姻狀況未達顯著差異。在父母婚姻狀況差異對同儕工具性支持，$F_{(2, 2,621)}$=1.070，p=.343>.05，顯示出同儕工具性支持在父母婚姻狀況未達顯著差異。在父母婚姻狀況差異對同儕訊息性支持，$F_{(2, 2,621)}$=.039，p=.962>.05，顯示出同儕訊息性支持在父母婚姻狀況達顯著差異(見表 4-47)。

表 4-47 澳門地區青少年同儕社會支持在父母婚姻狀況之單因子變異數分析摘要表

n =2,624

檢定變項	父母婚姻狀況	個數	平均數	標準差	F值	P值
同儕情緒性支持	同住	2002	13.9760	3.08378	.310	.733
	因工作而分住	112	14.1161	3.39248		
	其他(如，父母死亡、分居、離婚等)	510	13.8843	3.29558		
同儕工具性支持	同住	2002	15.8536	3.69949	1.070	.343
	因工作而分住	112	15.5804	4.33223		
	其他(如，父母死亡、分居、離婚等)	510	15.6078	3.75098		
同儕訊息性支持	同住	2002	14.1279	3.17342	.039	.962
	因工作而分住	112	14.0536	3.77244		
	其他(如，父母死亡、分居、離婚等)	510	14.1471	3.22989		

(8)同儕社會支持在自覺課業表現之差異情形

同儕社會支持變項在「自覺課業表現」背景變項之差異性分析經由獨立樣本單因子變異數分析 F 檢定可以得知，與自覺課業表現差異對同儕情緒性支持，$F_{(2, 2,621)}$ =27.663，p=.000<.001，顯示同儕情緒性支持在自覺課業表現達顯著差異，經 *Scheffe* 事後比較發現：自覺課業表現中上的青少年對同儕情緒性支持覺知高於自覺課業表現為普通的青少年也高於自覺課業表現不好的青少年。在自覺課業表現差異對同儕工具性支持，$F_{(2, 2,621)}$ =16.214，p=.000<.001，顯示出同儕工具性支持在自覺課業表現達顯著差異，經 *Scheffe* 事後比較發現：自覺課業表現中上的青少年對同儕工具性支持覺知高於自覺課業表現為普通的青少年也高於自覺課業表現不好的青少年。在自覺課業表現差異對同儕訊息性支持，$F_{(2, 2,621)}$ =15.925，p=.000<.001，顯示出同儕訊息性支持在自覺課業表現達顯著差異，經 *Scheffe* 事後比較發現：自覺課業表現中上的青少年對同儕訊息性支持覺知高於自覺課業表現為普通的青少年也高於自覺課業表現不好的青少年(見表 4-48)。

表 4-48 澳門地區青少年同儕社會支持在父母婚姻狀況之單因子變異數分析摘要表

n =2,624

檢定變項	自覺課業表現	個數	平均數	標準差	F 值	P 值	Scheffe 事後比較
同儕情緒性支持	中上	800	14.4963	3.24818	27.663	.000	中上>普通>不好
	普通	1610	13.8540	2.95025			
	不好	214	12.8037	3.67184			
同儕工具性支持	中上	800	16.1238	3.85350	16.214	.000	中上>普通>不好
	普通	1610	15.8031	3.54625			
	不好	214	14.4953	4.39456			
同儕訊息性支持	中上	800	14.4925	3.25279	15.925	.000	中上>普通>不好
	普通	1610	14.0807	3.06035			
	不好	214	13.1262	3.87213			

3.老師或政府機構支持

(1)老師或政府機構社會支持在性別之差異情形

老師或政府機構社會支持變項在「性別」背景變項之差異性分析經由獨立樣本t檢定可以得知，在性別差異對老師或政府機構情緒性支持，$t_{(2,622)}$=-4.535，p=.000<.001，顯示老師或政府機構情緒性支持在性別達顯著差異，發現性別為女生在老師或政府機構情緒性支持覺知高於男生。在性別差異對老師或政府機構工具性支持，$t_{(2,622)}$=.000，p=1.000>.05，顯示出老師或政府機構工具性支持在性別未達顯著差異。在性別差異對老師或政府機構訊息性支持，$t_{(2,622)}$=-3.012，p=.003<.01，顯示出老師或政府機構訊息性支持在性別達顯著差異，發現性別為女生在老師或政府機構訊息性支持覺知高於男生(見表4-49)。

表4-49 澳門地區青少年老師或政府機構社會支持在性別之獨立樣本t檢定分析摘要表

n =2,624

檢定變項	性別	個數	平均數	標準差	t值	P值
老師或政府機構情緒性支持	男	1380	13.4420	3.54341	-4.535	.000
	女	1244	14.0169	2.94392		
老師或政府機構工具性支持	男	1380	15.1913	4.18685	.000	1.000
	女	1244	15.1913	3.43594		
老師或政府機構訊息性支持	男	1380	14.5435	3.54095	-3.012	.003
	女	1244	14.9252	2.94739		

(2)老師或政府機構社會支持在年齡之差異情形

老師或政府機構社會支持變項在「年齡」背景變項之差異性分析經由獨立樣本單因子變異數分析 F 檢定可以得知，與年齡差異對老師或政府機構情緒性支持，$F_{(2, 2621)}$=1.642，p=.194>.05，顯示老師或政府機構情緒性支持在年齡未達顯著差異。在年齡差異對老師或政府機構工具性支持，$F_{(2, 2621)}$=3.741，p=.024<.05，顯示出老師或政府機構工具性支持在年齡達顯著差異，經 Scheffe 事後比較發現：年齡在

12~13 歲的青少年對老師或政府機構工具性支持覺知高於 14~15 歲的青少年。在年齡差異對老師或政府機構訊息性支持，$F_{(2, 2621)}=.348$，p=.706>.05，顯示出老師或政府機構訊息性支持在年齡未達顯著差異(見表 4-50)。

表 4-50 澳門地區青少年老師或政府機構社會支持在年齡之單因子變異數分析摘要表

n =2,624

檢定變項	年齡	個數	平均數	標準差	F 值	P 值	Scheffe 事後比較
老師或政府機構情緒性支持	12-13 歲	868	13.8756	3.40712	1.642	.194	
	14-15 歲	747	13.6720	3.19195			
	16 歲以上	1009	13.6075	3.24321			
老師或政府機構工具性支持	12-13 歲	868	15.4724	3.94722	3.741	.024	12~13 歲>14~15 歲
	14-15 歲	747	14.9732	3.87393			
	16 歲以上	1009	15.1110	3.73125			
老師或政府機構訊息性支持	12-13 歲	868	14.7615	3.31186	.348	.706	
	14-15 歲	747	14.7724	3.19880			
	16 歲以上	1009	14.6571	3.30844			

(3)老師或政府機構社會支持在年級之差異情形

老師或政府機構社會支持變項在「年級」背景變項之差異性分析經由獨立樣本單因子變異數分析 F 檢定可以得知，與年級差異對老師或政府機構情緒性支持，$F_{(5, 2618)}=2.995$，p=.011<.05，顯示老師或政府機構情緒性支持在年級達顯著差異，經 *Scheffe* 事後比較發現：年級在初中一年級的青少年對老師或政府機構情緒性支持覺知高於年級在高中二年級的青少年。與年級差異對老師或政府機構工具性支持，$F_{(5, 2618)}=2.452$，p=.032<.05。顯示老師或政府機構工具性支持在年級達顯著差異，經 *Scheffe* 事後比較發現：兩兩比較沒有差異。與年級差異對老師或政府機構訊息性支持，$F_{(5, 2618)}=4.132$，p=.001<.01，顯示老師或政府機構訊息性支持在年級達顯著差異，經 *Scheffe* 事後比較發現：年級在高中三年級的青少年對老師或政府機構訊息性支持覺知高於年

級在初中三年級的青少年(見表 4-51)。

表 4-51 澳門地區青少年老師或政府機構社會支持在年級之單因子變異數分析摘要表

n =2,624

檢定變項	年級	個數	平均數	標準差	F值	P值	Scheffe事後比較
老師或政府機構情緒性支持	初中一年級	467	14.1178	3.45930	2.995	.011	初中一年級>高中二年級；
	初中二年級	645	13.7271	3.26376			
	初中三年級	336	13.3929	3.43474			
	高中一年級	509	13.7780	3.09047			
	高中二年級	347	13.3429	3.11169			
	高中三年級	320	13.7406	3.33664			
老師或政府機構工具性支持	初中一年級	467	15.5268	3.97752	2.452	.032	兩兩比較沒有差異
	初中二年級	645	15.3566	3.91247			
	初中三年級	336	14.7768	4.10251			
	高中一年級	509	15.2829	3.64391			
	高中二年級	347	14.8501	3.68335			
	高中三年級	320	15.0281	3.69646			
老師或政府機構訊息性支持	初中一年級	467	14.9229	3.35369	4.132	.001	高中三年級>初中三年級
	初中二年級	645	14.7550	3.26598			
	初中三年級	336	14.1815	3.51539			
	高中一年級	509	14.8507	3.04192			
	高中二年級	347	14.3718	3.14351			
	高中三年級	320	15.1250	3.35609			

(4)老師或政府機構社會支持在現居地之差異情形

老師或政府機構社會支持變項在「現居地」背景變項之差異性分析經由獨立樣本 t 檢定可以得知，在現居地差異對老師或政府機構情緒性支持，$t_{(2,622)}$=-.440，p=.660>.05，顯示老師或政府機構情緒性支持在現居地未達顯著差異。在現居地差異對老師或政府機構工具性支持，$t_{(2,622)}$=.242，p=.809>.05，顯示出老師或政府機構工具性支持在現居地未達顯著差異。在現居地差異對老師或政府機構訊息性支持，$t_{(2,622)}$=-.117，p=.907>.05，顯示出老師或政府機構訊息性支持在現居地未達顯著差異(見表 4-52)。

表4-52　澳門地區青少年老師或政府機構社會支持在現居地之獨立樣本t檢定分析摘要表

n =2,624

檢定變項	現居地	個數	平均數	標準差	t值	P值
老師或政府機構情緒性支持	澳門	2397	13.7059	3.28321	-.440	.660
	內地	227	13.8062	3.30826		
老師或政府機構工具性支持	澳門	2397	15.1969	3.85857	.242	.809
	內地	227	15.1322	3.74759		
老師或政府機構訊息性支持	澳門	2397	14.7222	3.27770	-.117	.907
	內地	227	14.7489	3.28761		

(5)老師或政府機構社會支持在教育程度之差異情形

老師或政府機構社會支持變項在「教育程度」背景變項之差異性分析經由獨立樣本t檢定可以得知，在教育程度差異對老師或政府機構情緒性支持，$t_{(2,622)}$ =1.055，p=.291>.05，顯示老師或政府機構情緒性支持在教育程度未達顯著差異。在教育程度差異對老師或政府機構工具性支持，$t_{(2,622)}$ =1.276，p=.202>.05，顯示出老師或政府機構工具性支持在教育程度未達顯著差異。在教育程度差異對老師或政府機構訊息性支持，$t_{(2,622)}$ =-.844，p=.399>.05，顯示出老師或政府機構訊息性支持在教育程度未達顯著差異(見表4-53)。

表4-53　澳門地區青少年老師或政府機構社會支持在教育程度之獨立樣本t檢定分析摘要表

n =2,624

檢定變項	教育程度	個數	平均數	標準差	t值	P值
老師或政府機構情緒性支持	初中生	1448	13.7756	3.37621	1.055	.291
	高中生	1176	13.6395	3.16861		
老師或政府機構工具性支持	初中生	1448	15.2769	3.98563	1.276	.202
	高中生	1176	15.0859	3.67143		
老師或政府機構訊息性支持	初中生	1448	14.6761	3.36299	-.844	.399
	高中生	1176	14.7840	3.17049		

(6)老師或政府機構社會支持在居住狀況之差異情形

老師或政府機構社會支持變項在「居住狀況」背景變項之差異性分析經由獨立樣本單因子變異數分析 F 檢定可以得知，與居住狀況差

異對老師或政府機構情緒性支持，$F_{(5, 2618)}$=.648，p=.663>.05，顯示老師或政府機構情緒性支持在居住狀況未達顯著差異。在居住狀況差異對老師或政府機構工具性支持，$F_{(5, 2618)}$=1.695，p=.132>.05，顯示出老師或政府機構工具性支持在居住狀況未達顯著差異。在居住狀況差異對老師或政府機構訊息性支持，$F_{(5, 2618)}$=.741，p=.592>.05，顯示出老師或政府機構訊息性支持在居住狀況未達顯著差異(見表 4-54)。

表 4-54 澳門地區青少年老師或政府機構社會支持在居住狀況之單因子變異數分析摘要表

n =2,624

檢定變項	居住狀況	個數	平均數	標準差	F值	P值
老師或政府機構情緒性支持	自置物業	1183	13.6636	3.34255	.648	.663
	社會房屋	200	14.0850	3.03543		
	經濟房屋	215	13.6047	3.38316		
	租住單位	202	13.7772	3.30910		
	租住房間	60	13.5833	2.73268		
	不知道	764	13.7212	3.26578		
老師或政府機構工具性支持	自置物業	1183	14.9949	3.93087	1.695	.132
	社會房屋	200	15.6150	3.90423		
	經濟房屋	215	15.2977	3.82011		
	租住單位	202	15.0000	3.67051		
	租住房間	60	15.2333	2.68938		
	不知道	764	15.4018	3.82577		
老師或政府機構訊息性支持	自置物業	1183	14.7143	3.25085	.741	.592
	社會房屋	200	15.0050	3.34829		
	經濟房屋	215	14.8977	3.28815		
	租住單位	202	14.8416	3.28341		
	租住房間	60	14.4500	2.78266		
	不知道	764	14.6086	3.33455		

(7)老師或政府機構社會支持在父母婚姻狀況之差異情形

老師或政府機構社會支持變項在「父母婚姻狀況」背景變項之差異性分析經由獨立樣本單因子變異數分析 F 檢定可以得知，與父母婚姻狀況差異對老師或政府機構情緒性支持，$F_{(2, 2621)}$=.642，p=.526>.05，顯示老師或政府機構情緒性支持在父母婚姻狀況達未顯著差異。在父母婚姻狀況差異對老師或政府機構工具性支持，$F_{(2, 2621)}$=.644，p=.525>.05，顯示出老師或政府機構工具性支持在父母婚姻狀

況未達顯著差異。在父母婚姻狀況差異對老師或政府機構訊息性支持，$F_{(2, 2621)}=1.081$，p=.339>.05，顯示出老師或政府機構訊息性支持在父母婚姻狀況未達顯著差異(見表4-55)。

表 4-55 澳門地區青少年老師或政府機構社會支持在父母婚姻狀況之單因子變異數分析摘要表

n =2,624

檢定變項	父母婚姻狀況	個數	平均數	標準差	F 值	P 值
老師或政府機構情緒性支持	同住	2002	13.7498	3.29050	.642	.526
	因工作而分住	112	13.7589	3.26390		
	其他(如，父母死亡、分居、離婚等)	510	13.5667	3.26956		
老師或政府機構工具性支持	同住	2002	15.2333	3.85663	.644	.525
	因工作而分住	112	15.2321	3.92034		
	其他(如，父母死亡、分居、離婚等)	510	15.0176	3.80281		
老師或政府機構訊息性支持	同住	2002	14.7722	3.26033	1.081	.339
	因工作而分住	112	14.7411	3.19838		
	其他(如，父母死亡、分居、離婚等)	510	14.5333	3.36249		

(8)老師或政府機構社會支持在自覺課業表現之差異情形

老師或政府機構社會支持變項在「自覺課業表現」背景變項之差異性分析經由獨立樣本單因子變異數分析 F 檢定可以得知，與自覺課業表現差異對老師或政府機構情緒性支持，$F_{(2, 2621)}=21.781$，p=.000<.001，顯示老師或政府機構情緒性支持在自覺課業表現達顯著差異，經 *Scheffe* 事後比較發現：自覺課業表現中上對對老師或政府機構情緒性支持的覺知高於自覺課業表現為普通的青少年也高於自覺課業表現不好的青少年。在自覺課業表現差異對老師或政府機構工具性支持，$F_{(2, 2621)}=19.492$，p=.000<.001，顯示出老師或政府機構工具性支持在自覺課業表現達顯著差異，經 *Scheffe* 事後比較發現：自覺課業表現中上的青少年對老師或政府機構工具性支持的覺知高於自覺課業表現為普通的青少年；自覺課業表現中上的青少年對老師或政府機構

工具性支持的覺知高於自覺課業表現為不好的青少年。在自覺課業表現差異對老師或政府機構訊息性支持，$F_{(2, 2621)}$ =10.165，p=.000<.001，顯示出老師或政府機構訊息性支持在自覺課業表現達顯著差異，經 *Scheffe* 事後比較發現：自覺課業表現中上對對老師或政府機構訊息性支持的覺知高於自覺課業表現為普通的青少年也高於自覺課業表現不好的青少年(見表4-56)。

表 4-56 澳門地區青少年老師或政府機構社會支持在父母婚姻狀況之單因子變異數分析摘要表

n =2,624

檢定變項	自覺課業表現	個數	平均數	標準差	F值	P值	Scheffe 事後比較
老師或政府機構情緒性支持	中上	800	14.1075	3.23984	21.781	.000	中上>普通>不好
	普通	1610	13.6863	3.14578			
	不好	214	12.4579	4.07161			
老師或政府機構工具性支持	中上	800	15.4900	4.01030	19.492	.000	中上>普通>不好
	普通	1610	15.2447	3.65202			
	不好	214	13.6729	4.31674			
老師或政府機構訊息性支持	中上	800	15.0488	3.24647	10.165	.000	中上>普通>不好
	普通	1610	14.6658	3.15285			
	不好	214	13.9533	4.08336			

（三）青少年正向發展

1.青少年正向發展在性別之差異情形

　　青少年正向發展變項在「性別」背景變項之差異性分析經由獨立樣本 t 檢定可以得知，在性別差異對能力，$t_{(2,622)}=6.138$，p=.000<.001，顯示能力在性別達顯著差異，發現性別為男生對正向發展能力覺知高於女生。在性別差異對自信，$t_{(2,622)}=4.114$，p=.000<.001，顯示出自信在性別達顯著差異，發現性別為男生對正向發展自信高於女生。在性別差異對品格，$t_{(2,622)}=-.740$，p=.459>.05，顯示出品格在性別未達顯著差異。在性別差異對關懷，$t_{(2,622)}=-2.356$，p=.018<.05，顯示關懷在性別達顯著差異，發現性別為女生的青少年對青少年正向發展關懷覺知高於性別為男生的青少年。在性別差異對連結，$t_{(2,622)}=-2.686$，p=.007<.01，顯示出連結在性別達顯著差異，發現性別為女生的青少年對正向發展連結覺知高於性別為男生的青少年(見表4-57)。

表4-57　澳門地區青少年青少年正向發展在性別之獨立樣本 t 檢定分析摘要表

n =2,624

檢定變項	性別	個數	平均數	標準差	t 值	P 值
能力	男生	1380	9.3188	2.54213	6.138	.000
	女生	1244	8.7500	2.20423		
自信	男生	1380	9.6601	2.75933	4.114	.000
	女生	1244	9.2058	2.89551		
品格	男生	1380	13.4870	3.03339	-.740	.459
	女生	1244	13.5723	2.85426		
關懷	男生	1380	10.1130	2.91085	-2.356	.018
	女生	1244	10.3754	2.77729		
連結	男生	1380	12.9529	3.26250	-2.686	.007
	女生	1244	13.2854	3.05431		

2.青少年正向發展在年齡之差異情形

　　青少年正向發展變項在「年齡」背景變項之差異性分析經由獨立樣本單因子變異數分析F檢定可以得知，與年齡差異對能力，$F_{(2,2621)}=5.511$，p=.004<.01，顯示能力在年齡達顯著差異，經 *Scheffe* 事後比較發現：年齡在 12~13 歲的青少年對正向發展能力覺知高於 16 歲以上的青少年。在年齡差異對自信，$F_{(2,2621)}=3.195$，p=.041<.05，顯示出自信在年齡達顯著差異，

經 *Scheffe* 事後比較發現：年齡在 14~15 歲的青少年對正向發展自信覺知高於 16 歲以上的青少年。在年齡差異對品格，$F_{(2, 2621)}$=5.378，p=.005<.01，顯示出自信在年齡達顯著差異，經 *Scheffe* 事後比較發現：年齡在 14~15 歲的青少年對正向發展品格覺知高於 12~13 歲的青少年；年齡在 16 歲以上的青少年對正向發展品格覺知高於 12~13 歲的青少年。與年齡差異對關懷，$F_{(2, 2621)}$=.595，p=.552>.05，顯示關懷在年齡未達顯著差異。在年齡差異對連結，$F_{(2, 2621)}$=2.105，p=.122>.05，顯示出連結在年齡未達顯著差異。(見表 4-58)。

表 4-58　澳門地區青少年青少年正向發展在年齡之單因子變異數分析摘要表

n =2,624

檢定變項	年齡	個數	平均數	標準差	F 值	P 值	Scheffe 事後比較
能力	12-13 歲	868	9.2062	2.44480	5.511	.004	12~13 歲>16 歲以上
	14-15 歲	747	9.1272	2.39608			
	16 歲以上	1009	8.8563	2.36420			
自信	12-13 歲	868	9.4677	2.91955	3.195	.041	14~15 歲>16 歲以上
	14-15 歲	747	9.6305	2.73396			
	16 歲以上	1009	9.2874	2.82398			
品格	12-13 歲	868	13.2638	3.06421	5.378	.005	14~15 歲>12~13 歲；16 歲以上>12~13 歲
	14-15 歲	747	13.7068	2.84845			
	16 歲以上	1009	13.6214	2.90958			
關懷	12-13 歲	868	10.2961	2.95700	.595	.552	
	14-15 歲	747	10.2718	2.89814			
	16 歲以上	1009	10.1615	2.72056			
連結	12-13 歲	868	13.2431	3.28986	2.105	.122	
	14-15 歲	747	13.1673	3.13761			
	16 歲以上	1009	12.9544	3.08219			

3.青少年正向發展在年級之差異情形

青少年正向發展變項在「年級」背景變項之差異性分析經由獨立樣本單因子變異數分析 F 檢定可以得知，與年級差異對能力，$F_{(5, 2618)}$=3.220，p=.007<.01，顯示能力在年級達顯著差異，經 *Scheffe* 事後比較發現：兩兩比較沒有差異。與年級差異對自信，$F_{(5, 2618)}$=1.793，p=.111>.05，顯示自信在年級未達顯著差異。與年級差異對品格，$F_{(5, 2618)}$=2.809，p=.016<.05，

顯示品格在年級達顯著差異，經 *Scheffe* 事後比較發現：年級在高中一年級的青少年對正向發展品格高於年級在初中一年級青少年。與年級差異對關懷，$F_{(5, 2,618)}$=.794，p=.554>.05，顯示關懷在年級未達顯著差異。與年級差異對連結，$F_{(5, 2,618)}$=1.574，p=.164>.05，顯示連結在年級未達顯著差異。(見表 4-59)。

表 4-59 澳門地區青少年青少年正向發展在年級之單因子變異數分析摘要表

n =2,624

檢定變項	年級	個數	平均數	標準差	F 值	P 值	Scheffe 事後比較
能力	初中一年級	467	9.2141	2.47502	3.220	.007	兩兩比較沒有差異
	初中二年級	645	9.2062	2.40844			
	初中三年級	336	9.0327	2.52074			
	高中一年級	509	9.1081	2.36154			
	高中二年級	347	8.7176	2.25430			
	高中三年級	320	8.7750	2.34875			
自信	初中一年級	467	9.5696	3.01871	1.793	.111	
	初中二年級	645	9.3209	2.83954			
	初中三年級	336	9.5208	2.80397			
	高中一年級	509	9.6837	2.70828			
	高中二年級	347	9.2565	2.65457			
	高中三年級	320	9.2563	2.93449			
品格	初中一年級	467	13.1970	3.04469	2.809	.016	高中一年級>初中一年級
	初中二年級	645	13.4729	3.02237			
	初中三年級	336	13.4464	3.03661			
	高中一年級	509	13.8802	2.80175			
	高中二年級	347	13.5418	2.79044			
	高中三年級	320	13.6281	2.92259			
關懷	初中一年級	467	10.4154	2.94929	.794	.554	
	初中二年級	645	10.1860	2.82174			
	初中三年級	336	10.1369	3.06141			
	高中一年級	509	10.3084	2.81677			
	高中二年級	347	10.2478	2.61536			
	高中三年級	320	10.0625	2.83659			
連結	初中一年級	467	13.2698	3.31792	1.574	.164	
	初中二年級	645	13.2233	3.19157			
	初中三年級	336	12.9256	3.40638			
	高中一年級	509	13.2475	3.06260			
	高中二年級	347	12.9308	2.83166			
	高中三年級	320	12.8219	3.14281			

4.青少年正向發展在現居地之差異情形

青少年正向發展變項在「現居地」背景變項之差異性分析經由獨立樣本 t 檢定可以得知，在現居地差異對能力，$t_{(2,622)}$=.062，p=.950>.05，顯示能力在現居地達未顯著差異。在現居地差異對自信，$t_{(2,622)}$=1.225， p=.221>.05,顯示出自信在現居地未達顯著差異。在現居地差異對品格,t$_{(2,622)}$=.300,p=764>.05,顯示出品格在現居地未達顯著差異。在現居地差異對關懷,t$_{(2,622)}$=1.362,p=.173>.05,顯示關懷在現居地未達顯著差異。在現居地差異對連結,t$_{(2,622)}$=-.699,p=.484>.05,顯示出連結在現居地未達顯著差異(見表4-60)。

表4-60 澳門地區青少年青少年正向發展在現居地之獨立樣本t檢定分析摘要表

n =2,624

檢定變項	現居地	個數	平均數	標準差	t值	P值
能力	澳門	2397	9.0501	2.39713	.062	.950
	內地	227	9.0396	2.48415		
自信	澳門	2397	9.4656	2.82077	1.225	.221
	內地	227	9.2247	2.95957		
品格	澳門	2397	13.5327	2.93735	.300	.764
	內地	227	13.4714	3.08189		
關懷	澳門	2397	10.2607	2.85399	1.362	.173
	內地	227	9.9912	2.81115		
連結	澳門	2397	13.0972	3.18243	-.699	.484
	內地	227	13.2511	3.02986		

5.青少年正向發展在教育程度之差異情形

青少年正向發展變項在「教育程度」背景變項之差異性分析經由獨立樣本 t 檢定可以得知,在教育程度差異對能力,t$_{(2,622)}$=2.840,p=.005<.01,顯示能力在教育程度達顯著差異,發現教育程度為初中生的青少年對正向發展能力覺知高於教育程度為高中生的青少年。在教育程度差異對自信,t$_{(2,622)}$=.056,p=.955>.05,顯示出自信在教育程度未達顯著差異。在教育程度差異對品格,t$_{(2,622)}$=-2.909,p=.004<.01,顯示出品格在教育程度達顯著差異,發現教育程度為高中生的青少年對青少年正向發展品格高於教育程度為初中生的青少年。在教育程度差異對關懷,t$_{(2,622)}$=.224,p=.822>.05,顯示關懷在教育程度未達顯著差異。在教育程度差異對連結,t$_{(2,622)}$=1.062,p=.289>.05,顯示出連結在教育程度未達顯著差異(見表4-61)。

表 4-61　澳門地區青少年青少年正向發展在教育程度之獨立樣本 t 檢定分析摘要表

n =2,624

檢定變項	教育程度	個數	平均數	標準差	t 值	P 值
能力	初中生	1448	9.1685	2.45581	2.840	.005
	高中生	1176	8.9022	2.33197		
自信	初中生	1448	9.4475	2.89078	.056	.955
	高中生	1176	9.4413	2.76205		
品格	初中生	1448	13.3778	3.03337	-2.909	.004
	高中生	1176	13.7117	2.83343		
關懷	初中生	1448	10.2486	2.92033	.224	.822
	高中生	1176	10.2236	2.76393		
連結	初中生	1448	13.1692	3.28381	1.062	.289
	高中生	1176	13.0383	3.02209		

6.青少年正向發展在居住狀況之差異情形

　　青少年正向發展變項在「居住狀況」背景變項之差異性分析經由獨立樣本單因子變異數分析 F 檢定可以得知，與居住狀況差異對能力，$F_{(5, 2,618)}$ =2.509，p=.028<.05，顯示能力在居住狀況達顯著差異，經 *Scheffe* 事後比較發現：居住狀況為自置物業青少年對正向發展能力覺知高於居住狀況為不知道的青少年。在居住狀況差異對自信，$F_{(5, 2,618)}$ =3.134，p=.008<.01，顯示出自信在居住狀況達顯著差異，經 *Scheffe* 事後比較發現：居住狀況為自置物業青少年對正向發展自信覺知高於居住狀況為不知道的青少年。在居住狀況差異對品格，$F_{(5, 2,618)}$ =4.584，p=.000<.001，顯示出品格在居住狀況達顯著差異，經 *Scheffe* 事後比較發現：居住狀況為自置物業青少年對正向發展品格覺知高於居住狀況為不知道的青少年。與居住狀況差異對關懷，$F_{(5, 2,618)}$ =.868，p=.502>.05，顯示關懷在居住狀況未達顯著差異，經 *Scheffe* 事後比較發現：兩兩比較沒有差異。在居住狀況差異對連結，$F_{(5, 2,618)}$ =1.309，p=.257>.05，顯示出連結在居住狀況未達顯著差異(見表 4-62)。

表 4-62 澳門地區青少年青少年正向發展在居住狀況之單因子變異數分析摘要表

n =2,624

檢定變項	居住狀況	個數	平均數	標準差	F 值	P 值	Scheffe 事後比較
能力	自有商品房	1183	9.2206	2.39702	2.509	.028	自置物業>不知道
	經濟適用房	200	9.0450	2.25575			
	租住私人房間	215	8.9953	2.34121			
	學校宿舍	202	8.9158	2.35798			
	其他	60	8.9667	2.59704			
	不知道	764	8.8416	2.45479			
自信	自有商品房	1183	9.6433	2.80673	3.134	.008	自置物業>不知道
	經濟適用房	200	9.6700	2.70140			
	租住私人房間	215	9.2558	2.86204			
	學校宿舍	202	9.3515	2.71722			
	其他	60	9.2167	2.91746			
	不知道	764	9.1741	2.90249			
品格	自有商品房	1183	13.7937	2.94129	4.584	.000	自置物業>不知道
	租住單位或政府房屋	200	13.6600	2.98647			
	租住私人房間	215	13.2791	2.78452			
	學校宿舍	202	13.4752	3.12777			
	其他	60	13.4167	2.62512			
	不知道	764	13.1728	2.93869			
關懷	自有商品房	1183	10.3407	2.85962	.868	.502	
	租住單位或政府房屋	200	10.1250	2.71408			
	租住私人房間	215	10.2465	2.65803			
	學校宿舍	202	10.3119	2.84190			
	其他	60	9.9000	3.02364			
	不知道	764	10.1113	2.91324			
連結	自有商品房	1183	13.1944	3.16379	1.309	.257	
	經濟適用房	200	13.2350	3.16859			
	租住私人房間	215	12.8465	3.33765			
	學校宿舍	202	13.4158	3.12355			
	其他	60	13.0167	2.95441			
	不知道	764	12.9490	3.15419			

7.青少年正向發展在父母婚姻狀況之差異情形

　　青少年正向發展變項在「父母婚姻狀況」背景變項之差異性分析經由獨立樣本單因子變異數分析 F 檢定可以得知，與父母婚姻狀況差異對能力，$F_{(2,2621)}$=11.451，p=.000<.001，顯示能力在父母婚姻狀況達顯著差異，經 *Scheffe* 事後比較發現：父母婚姻狀況為同住的青少年在正向發展能力覺知高於父母婚姻狀況為其他(如，父母死亡、分居、離婚等)的青少年；父母婚姻狀況為因工作而分住的青少年在正向發展能力覺知高於父母婚姻狀況為其他(如，父母死亡、分居、離婚等)的青少年。在父母婚姻狀況差異對自信，$F_{(2,2621)}$=5.051，p=.006<.01，顯示出自信在父母婚姻狀況達顯著差異，經 *Scheffe* 事後比較發現：父母婚姻狀況為同住的青少年在正向發展自信覺知高於父母婚姻狀況為其他(如，父母死亡、分居、離婚等)的青少年。在父母婚姻狀況差異對品格，$F_{(2,2621)}$=5.905，p=.003<.05，顯示出品格在父母婚姻狀況達顯著差異經 *Scheffe* 事後比較發現：父母婚姻狀況為同住的青少年在正向發展品格覺知高於父母婚姻狀況為其他(如，父母死亡、分居、離婚等)的青少年。與父母婚姻狀況差異對關懷，$F_{(2,2621)}$=4.918，p=.007<.01，顯示關懷在父母婚姻狀況達顯著差異，經 *Scheffe* 事後比較發現：父母婚姻狀況為同住的青少年在正向發展關懷覺知高於父母婚姻狀況為因工作而分住的青少年。在父母婚姻狀況差異對連結，$F_{(2,2621)}$=9.388，p=.000<.001，顯示出連結在父母婚姻狀況達顯著差異，經 *Scheffe* 事後比較發現：父母婚姻狀況為同住的青少年在正向發展連結覺知高於父母婚姻狀況為其他(如，父母死亡、分居、離婚等)的青少年 (見表 4-63)。

表 4-63 澳門地區青少年青少年正向發展在父母婚姻狀況之單因子變異數分析摘要表

n =2,624

檢定變項	父母婚姻狀況	個數	平均數	標準差	F 值	P 值	Scheffe 事後比較
能力	同住	2002	9.1499	2.37017	11.451	.000	同住>其他(如，父母死亡、分居、離婚等)；因工作而分駐>其他(如，父母死亡、分居、離婚等)
	因工作而分住	112	9.3036	2.64009			
	其他(如，父母死亡、分居、離婚等)	510	8.5980	2.43444			
自信	同住	2002	9.5340	2.79932	5.051	.006	同住>其他(如，父母死亡、分居、離婚等)
	因工作而分住	112	9.4732	3.16501			
	其他(如，父母死亡、分居、離婚等)	510	9.0882	2.86673			
品格	同住	2002	13.6329	2.92033	5.905	.003	同住>其他(如，父母死亡、分居、離婚等)
	因工作而分住	112	13.4375	2.76001			
	其他(如，父母死亡、分居、離婚等)	510	13.1333	3.07309			
關懷	同住	2002	10.3107	2.80204	4.918	.007	同住>因工作而分住
	因工作而分住	112	9.5000	3.02542			
	其他(如，父母死亡、分居、離婚等)	510	10.1118	2.97687			
連結	同住	2002	13.2398	3.16598	9.388	.000	同住>其他(如，父母死亡、分居、離婚等)
	因工作而分住	112	13.2768	3.04681			
	其他(如，父母死亡、分居、離婚等)	510	12.5667	3.15644			

8.青少年正向發展在自覺課業表現之差異情形

　　青少年正向發展變項在「自覺課業表現」背景變項之差異性分析經由獨立樣本單因子變異數分析 F 檢定可以得知，與自覺課業表現差異對能力，$F_{(2, 2621)}$ =115.736，p=.000<.001，顯示能力在自覺課業表現達顯著差異，經 *Scheffe* 事後比較發現：自覺課業表現為中上的青少年對正向發展能力的覺知高於自覺課業表現為普通也高於自覺課業表現為不好的青少年。在自覺課業表現差異對自信，$F_{(2, 2621)}$ =86.825，p=.000<.001，顯示出自信在自覺課業表現達顯著差異，經 *Scheffe* 事後比較發現：自覺課業表現為中上的青少年對正向發展自信的覺知高於自覺課業表現為普通也高於自覺課業表現為不好的青少年。在自覺課業表現差異對品格，$F_{(2, 2621)}$ =38.781，p=.000<.001，顯示出品格在自覺課業表現達顯著差異，經 *Scheffe* 事後比較發現：自覺課業表現為中上的青少年對正向發展品格的覺知高於自覺課業表現為普通也高於自覺課業表現為不好的青少年。在自覺課業表現差異對關懷，$F_{(2, 2621)}$ =10.765，p=.000<.001，顯示出關懷在自覺課業表現達顯著差異，經 *Scheffe* 事後比較發現：自覺課業表現為中上的青少年對正向發展關懷的覺知高於自覺課業表現為普通也高於自覺課業表現為不好的青少年。在自覺課業表現差異對連結，$F_{(2, 2621)}$ =90.450，p=.000<.001，顯示出連結在自覺課業表現達顯著差異，經 *Scheffe* 事後比較發現：自覺課業表現為中上的青少年對正向發展連結的覺知高於自覺課業表現為普通也高於自覺課業表現為不好的青少年(見表 4-64)。

表 4-64 澳門地區青少年青少年正向發展在父母婚姻狀況之單因子變異數分析摘要表

n =2,624

檢定變項	自覺課業表現	個數	平均數	標準差	F值	P值	Scheffe 事後比較
能力	中上	800	9.8988	2.32438	115.736	.000	中上>普通>不好
	普通	1610	8.8472	2.27429			
	不好	214	7.3925	2.46385			
自信	中上	800	10.2638	2.69922	86.825	.000	中上>普通>不好
	普通	1610	9.2832	2.73627			
	不好	214	7.5981	2.97046			
品格	中上	800	14.2038	2.93735	38.781	.000	中上>普通>不好
	普通	1610	13.3280	2.83050			
	不好	214	12.5000	3.34236			
關懷	中上	800	10.6075	2.72079	10.765	.000	中上>普通>不好
	普通	1610	10.1093	2.82059			
	不好	214	9.8178	3.37617			
連結	中上	800	14.0150	3.06619	90.450	.000	中上>普通>不好
	普通	1610	12.9491	3.04021			
	不好	214	10.9439	3.25831			

（四）青少年優勢力

1.青少年優勢力在性別之差異情形

　　青少年優勢力變項在「性別」背景變項之差異性分析經由獨立樣本 t 檢定可以得知，在性別差異對智性，$t_{(2,622)}=-2.851$，p=.004<.01，顯示智性在性別達顯著差異，發現性別為女生對青少年優勢力智性優於性別為男生的青少年。在性別差異對心性，$t_{(2,622)}=-1.741$，p=.082>.05，顯示出心性在性別未達顯著差異。在性別差異對韌力，$t_{(2,622)}=5.086$，p=.000<.001，顯示出韌力在性別達顯著差異，發現性別為男生的青少年對青少年優勢力韌力高於性別為女生的青少年(見表 4-65)。

表 4-65　澳門地區青少年青少年優勢力在性別之獨立樣本 t 檢定分析摘要表

n =2,624

檢定變項	性別	個數	平均數	標準差	t 值	P 值
智性	男	1380	72.6413	13.46290	-2.851	.004
	女	1244	74.0378	11.61806		
心性	男	1380	62.7065	13.01018	-1.741	.082
	女	1244	63.5458	11.68087		
韌力	男	1380	23.5870	5.61559	5.086	.000
	女	1244	22.4855	5.45211		

2.青少年優勢力在年齡之差異情形

　　青少年優勢力變項在「年齡」背景變項之差異性分析經由獨立樣本單因子變異數分析 F 檢定可以得知，與年齡差異對智性，$F_{(2,2621)}=3.812$，p=.022<.05，顯示智性在年齡達顯著差異，經 *Scheffe* 事後比較發現：年齡在 16 歲以上的青少年對青少年優勢力智性覺知高於年齡在 12~13 歲青少年。在年齡差異對心性，$F_{(2,2621)}=3.153$，p=.043<.05，顯示出心性在年齡達顯著差異，經 *Scheffe* 事後比較發現：年齡在 14~15 歲的青少年對青少年優勢力心性覺知高於年齡在 12~13 歲以上青少年。在年齡差異對韌力，$F_{(2,2621)}=9.687$，p=.000<.001，顯示出心性在年齡達顯著差異，經 *Scheffe* 事後比較發現：年齡在 14~15 歲的青少年對青少年優勢力韌力覺知高於年齡在 12~13 歲青少年；年齡在 16 歲以上的青少年對優勢力韌力覺知高於年齡在 12~13

歲青少年(見表 4-66)。

表 4-66　澳門地區青少年青少年優勢力在年齡之單因子變異數分析摘要表

n =2,624

檢定變項	年齡	個數	平均數	標準差	F 值	P 值	Scheffe 事後比較
智性	12-13 歲	868	72.3364	12.86985	3.812	.022	16 歲以上 >12~13 歲
	14-15 歲	747	73.7376	12.60711			
	16 歲以上	1009	73.8137	12.42481			
心性	12-13 歲	868	62.3963	12.74674	3.153	.043	14~15 歲 >12~13 歲
	14-15 歲	747	63.9491	12.21424			
	16 歲以上	1009	63.0882	12.21270			
韌力	12-13 歲	868	22.3917	5.70425	9.687	.000	14~15 歲 >12~13 歲； 16 歲以上 >12~13 歲
	14-15 歲	747	23.4779	5.49194			
	16 歲以上	1009	23.3380	5.44833			

3.青少年優勢力在年級之差異情形

青少年優勢力變項在「年級」背景變項之差異性分析經由獨立樣本單因子變異數分析 F 檢定可以得知，與年級差異對智性，$F_{(5, 2,618)}$ =1.466，p=.198>.05，顯示智性在年級未達顯著差異。與年級差異對心性，$F_{(5, 2,618)}$ =2.585，p=.024<.01，顯示心性在年級達顯著差異，經 *Scheffe* 事後比較發現：兩兩比較沒有差異。與年級差異對韌力，$F_{(5, 2,618)}$ =5.358，p=.000<.001，顯示韌力在年級達顯著差異，經 *Scheffe* 事後比較發現：年級在高中一年級的青少年對青少年韌力覺知高於年級在初中一年級的青少年 (見表 4-67)。

表 4-67　澳門地區青少年青少年優勢力在年級之單因子變異數分析摘要表

n =2,624

檢定變項	年級	個數	平均數	標準差	F 值	P 值	Scheffe 事後比較
智性	初中一年級	467	72.6959	13.26252	1.466	.198	
	初中二年級	645	72.9302	12.38524			
	初中三年級	336	72.4524	13.51917			
	高中一年級	509	73.9764	12.78684			
	高中二年級	347	73.6225	11.05968			
	高中三年級	320	74.4188	12.57802			
心性	初中一年級	467	62.7388	13.03068	2.585	.024	兩兩比較沒有差異
	初中二年級	645	62.5829	12.41385			
	初中三年級	336	61.7560	13.27797			
	高中一年級	509	64.4204	12.01492			
	高中二年級	347	63.1239	11.02908			
	高中三年級	320	63.9906	12.34826			

n =2,624

檢定變項	年級	個數	平均數	標準差	F 值	P 值	Scheffe 事後比較
韌力	初中一年級	467	22.2527	5.94217	5.358	.000	高中一年級>初中一年級
	初中二年級	645	22.9302	5.53053			
	初中三年級	336	22.6667	5.71896			
	高中一年級	509	23.9548	5.20372			
	高中二年級	347	23.1441	5.36171			
	高中三年級	320	23.4375	5.48430			

4.青少年優勢力在現居地之差異情形

青少年優勢力變項在「現居地」背景變項之差異性分析經由獨立樣本 t 檢定可以得知，在現居地差異對智性，$t_{(2,622)}$=1.236，p=.217>.05，顯示智性在現居地未達顯著差異。在現居地差異對心性，$t_{(2,622)}$=.900，p=.368>.05，顯示出心性在現居地未達顯著差異。在現居地差異對韌力，$t_{(2,622)}$=.175，p=.861>.05，顯示出韌力在現居地未達顯著差異(見表 4-68)。

表 4-68　澳門地區青少年青少年優勢力在現居地之獨立樣本 t 檢定分析摘要表

n =2,624

檢定變項	現居地	個數	平均數	標準差	t 值	P 值
智性	澳門	2397	73.3972	12.48037	1.236	.217
	內地	227	72.3128	14.19753		
心性	澳門	2397	63.1715	12.33682	.900	.368
	內地	227	62.3965	13.08352		
韌力	澳門	2397	23.0713	5.49065	.175	.861
	內地	227	22.9956	6.30879		

5.青少年優勢力在教育程度之差異情形

青少年優勢力變項在「教育程度」背景變項之差異性分析經由獨立樣本 t 檢定可以得知，在教育程度差異對智性，$t_{(2,622)}$=-2.534，p=.011<.05，顯示智性在教育程度達顯著差異，發現教育程度為高中生的青少年對青少年優勢力智性高於教育程度為初中的青少年。在教育程度差異對心性，$t_{(2,622)}$=-3.069，p=.002<.01，顯示出心性在教育程度達顯著差異，發現教育程度為高中生的青少年對青少年優勢力心性高於教育程度為初中的青少年。在教育程度差異對韌力，$t_{(2,622)}$=-4.275，p=.000<.001，顯示出韌力在教育程度達顯著差異，發現教育程度為高中生的青少年對青少年優勢力韌力高

於教育程度為初中的青少年(見表 4-69)。

表 4-69 澳門地區青少年青少年優勢力在教育程度之獨立樣本 t 檢定分析摘要表

n =2,624

檢定變項	教育程度	個數	平均數	標準差	t 值	P 值
智性	初中生	1448	72.7438	12.93308	-2.534	.011
	高中生	1176	73.9923	12.23719		
心性	初中生	1448	62.4413	12.81528	-3.069	.002
	高中生	1176	63.9209	11.82898		
韌力	初中生	1448	22.6506	5.71333	-4.275	.000
	高中生	1176	23.5748	5.33486		

6.青少年優勢力在居住狀況之差異情形

青少年優勢力變項在「居住狀況」背景變項之差異性分析經由獨立樣本單因子變異數分析 F 檢定可以得知，與居住狀況差異對智性，$F_{(5,2618)}$=6.093，p=.000<.001，顯示智性在居住狀況達顯著差異，經 *Scheffe* 事後比較發現：居住狀況為自置房屋的青少年對青少年優勢力智性覺知高於居住狀況為不知道的青少年；居住狀況為社會房屋的青少年對青少年優勢力智性覺知高於居住狀況為不知道的青少年。在居住狀況差異對心性，$F_{(5,2618)}$=5.833，p=.000<.001，顯示出心性在居住狀況達顯著差異，經 *Scheffe* 事後比較發現：居住狀況為自置房屋的青少年對青少年優勢力心性覺知高於居住狀況為不知道的青少年。在居住狀況差異對韌力，$F_{(5,2618)}$=4.409，p=.001<.001，顯示出韌力在居住狀況達顯著差異，經 *Scheffe* 事後比較發現：居住狀況為自置房屋的青少年對青少年優勢力韌力覺知高於居住狀況為不知道的青少年；居住狀況為社會房屋的青少年對青少年優勢力韌力覺知高於居住狀況為不知道的青少年(見表 4-70)。

表 4-70 澳門地區青少年青少年優勢力在居住狀況之單因子變異數分析摘要表

n =2,624

檢定變項	居住狀況	個數	平均數	標準差	F值	P值	Scheffe 事後比較
智性	自置物業	1183	74.0313	12.93809	6.093	.000	自置物業>不知；社會房屋>不知道
	社會房屋	200	75.3750	12.47649			
	經濟房屋	215	74.1070	11.26912			
	租住單位	202	74.0149	11.50361			
	租住房間	60	71.9000	9.55927			
	不知道	764	71.3298	12.85950			
心性	自置物業	1183	64.1547	12.45719	5.833	.000	自置物業>不知
	社會房屋	200	63.8450	12.48762			
	經濟房屋	215	63.3442	11.71478			
	租住單位	202	63.6832	11.54479			
	租住房間	60	61.3000	11.03968			
	不知道	764	61.2055	12.60472			
韌力	自置物業	1183	23.4142	5.73875	4.409	.001	自置物業>不知；社會房屋>不知道
	社會房屋	200	23.9150	5.57253			
	經濟房屋	215	23.0744	4.89841			
	租住單位	202	22.8713	4.57587			
	租住房間	60	22.9500	5.19591			
	不知道	764	22.3586	5.66747			

7.青少年優勢力在父母婚姻狀況之差異情形

青少年優勢力變項在「父母婚姻狀況」背景變項之差異性分析經由獨立樣本單因子變異數分析 F 檢定可以得知，與父母婚姻狀況差異對智性，$F_{(2,2621)}$=2.449，p=.087>.05，顯示智性在父母婚姻狀況未達顯著差異。在父母婚姻狀況差異對心性，$F_{(2,2621)}$=2.853，p=.058>.05，顯示出心性在父母婚姻狀況未達顯著差異。在父母婚姻狀況差異對韌力，$F_{(2,2621)}$=.338，p=.713>.05，顯示出韌力在父母婚姻狀況未達顯著差異(見表 4-71)。

表 4-71 澳門地區青少年青少年優勢力在父母婚姻狀況之單因子變異數分析摘要表

n =2,624

檢定變項	父母婚姻狀況	個數	平均數	標準差	F值	P值
智性	同住	2002	73.5824	12.54734	2.449	.087
	因工作而分住	112	73.3571	12.96486		
	其他(如，父母死亡、分居、離婚等)	510	72.1961	12.88687		

n =2,624

檢定變項	父母婚姻狀況	個數	平均數	標準差	F值	P值
心性	同住	2002	63.4256	12.17106	2.853	.058
	因工作而分住	112	61.8750	13.11428		
	其他(如,父母死亡、分居、離婚等)	510	62.1137	13.08063		
韌力	同住	2002	23.0964	5.47861	.338	.713
	因工作而分住	112	22.6607	5.77593		
	其他(如,父母死亡、分居、離婚等)	510	23.0294	5.85425		

8.青少年優勢力在自覺課業表現之差異情形

青少年優勢力變項在「自覺課業表現」背景變項之差異性分析經由獨立樣本單因子變異數分析 F 檢定可以得知,與自覺課業表現差異對智性,$F_{(2,2621)}$=116.033,p=.000<.001,顯示智性在自覺課業表現達顯著差異,經 *Scheffe* 事後比較發現:自覺課業表現中上青少年對青少年優勢力智性覺知高於自覺課業表現在普通的青少年也高於自覺課業表現不好的青少年。在自覺課業表現差異對心性,$F_{(2,2621)}$=81.282,p=.000<.001,顯示出心性在自覺課業表現達顯著差異,經 *Scheffe* 事後比較發現:自覺課業表現中上青少年對青少年優勢力心性覺知高於自覺課業表現在普通的青少年也高於自覺課業表現不好的青少年。在自覺課業表現差異對韌力,$F_{(2,2621)}$=37.577,p=.000<.001,顯示出韌力在自覺課業表現達顯著差異,經 *Scheffe* 事後比較發現:自覺課業表現中上青少年對青少年優勢力韌力覺知高於自覺課業表現在普通的青少年也高於自覺課業表現不好的青少年(見表 4-72)。

表 4-72 澳門地區青少年青少年優勢力在父母婚姻狀況之單因子變異數分析摘要表

n =2,624

檢定變項	自覺課業表現	個數	平均數	標準差	F值	P值	Scheffe 事後比較
智性	中上	800	77.7900	12.47539	116.033	.000	中上>普通>不好
	普通	1610	72.2273	11.40614			
	不好	214	64.6262	15.50921			
心性	中上	800	66.8975	12.12098	81.282	.000	中上>普通>不好
	普通	1610	62.1553	11.74060			
	不好	214	56.0654	13.82946			

n =2,624

檢定變項	自覺課業表現	個數	平均數	標準差	F值	P值	Scheffe 事後比較
韌力	中上	800	24.1038	5.31444	37.577	.000	中上>普通>不好
	普通	1610	22.8820	5.40582			
	不好	214	20.5561	6.63567			

七、心理健康、社會支持、青少年優勢力與青少年正向發展量表之相關分析

本節為了解心理健康、社會支持、青少年優勢力與青少年正向發展量表之相關分析之間的關係，以 Pearson 積差相關進行統計分析。心理健康分為「負向情緒狀態量表」、「生活困擾量表」，其負向情緒狀態量表分為「情緒壓力/緊張」、「情緒焦慮」、「情緒抑鬱」三個構面，生活困擾量表分為「人際困擾」、「學業困擾」兩個構面；社會支持分為「家人社會支持量表」、「同儕社會支持量表」、「老師或政府機構社會支持量表」，其社會支持量表分為「情緒性支持」、「工具性支持」、「訊息性支持」。青少年優勢力量表分為「智性」、「心性」、「韌力」三個構面；青少年正向發展分為「能力」、「自信」、「品格」、「關懷」、「連結」五個構面。

（一）心理健康與社會支持之 Pearson 積差相關

1.負向情緒狀態與家人社會支持

由 Pearson 積差相關分析負向情緒狀態之分量表與家人社會支持之分量表各項度之間的相關情形，結果如表 4-73

表 4-73　負向情緒狀態與家人社會支持 Pearson 積差相關

N=2,624

	家人情緒性支持	家人工具性支持	家人訊息性支持
情緒壓力/緊張	-.206**	-.165**	-.176**
情緒焦慮	-.216**	-.188**	-.209**
情緒抑鬱	-.324**	-.273**	-.272**

由表 4-73 得知：從負向情緒狀態之「情緒緊張/壓力」情形，澳門地區青少年覺知在「家人情緒性支持」$r_{(2622)}$=-.206(P<.001)、在「家人工具性支持」$r_{(2622)}$=-.165（P<.001）、在「家人訊息性支持」$r_{(2622)}$=-.176（P<.001）；從負向情緒狀態之「情緒焦慮」情形，澳門地區青少年覺知在「家人情緒性支持」$r_{(2622)}$=-.216(P<.001)、在「家人工具性支持」$r_{(2622)}$=-.188（P<.001）、在「家人訊息性支持」$r_{(2622)}$=-.209（P<.001）；從負向情緒狀態之「情緒抑鬱」情形，澳門地區青少年覺知在「家人情緒性支持」$r_{(2622)}$=-.324(P<.001)、在「家人工具性支持」$r_{(2622)}$=-.273（P<.001）、在「家人訊息性支持」$r_{(2622)}$=-.272

(P<.001)。上述資料顯示；負向情緒狀態量表對家人社會支持之各分量表皆有顯著負相關存在

　　2.負向情緒狀態與同儕社會支持

　　　　由 Pearson 積差相關分析負向情緒狀態之分量表與同儕社會支持之分量表各項度之間的相關情形，結果如表 4-74

表 4-74　負向情緒狀態與同儕社會支持 Pearson 積差相關

N=2,624

	同儕情緒性支持	同儕工具性支持	同儕訊息性支持
情緒壓力/緊張	-.040*	-.124**	-.049*
情緒焦慮	-.025	-.082**	-.036
情緒抑鬱	-.130**	-.155**	-.119**

　　由表 4-74 得知：從負向情緒狀態之「情緒緊張/壓力」情形，澳門地區青少年覺知在「同儕情緒性支持」$r_{(2622)}$=-.040(P<.05)、在「同儕工具性支持」$r_{(2622)}$=-.124（P<.001）、在「同儕訊息性支持」$r_{(2622)}$=-.049（P<.05）；從負向情緒狀態之「情緒焦慮」情形，澳門地區青少年覺知在「同儕情緒性支持」$r_{(2622)}$=-.025(P>.05)、在「同儕工具性支持」$r_{(2622)}$=-.082（P<.001）、在「同儕訊息性支持」$r_{(2622)}$=-.036（P>.05）；從負向情緒狀態之「情緒抑鬱」情形，澳門地區青少年覺知在「同儕情緒性支持」$r_{(2622)}$=-.130(P<.001)、在「同儕工具性支持」$r_{(2622)}$=-.155（P<.001）、在「同儕訊息性支持」$r_{(2622)}$=-.119（P<.001）。上述資料顯示；負向情緒狀態之情緒壓力/緊張對同儕社會支持各量表皆有顯著負相關存在；負向情緒狀態之焦慮唯有對同儕工具性支持有顯著負相關，其餘皆無顯著相關；負想情緒狀態之抑鬱對同儕社會支持各量表皆有顯著負相關存在。

3.負向情緒狀態與老師或政府機構社會支持

由 Pearson 積差相關分析負向情緒狀態之分量表與老師或政府機構社會支持之分量表各項度之間的相關情形，結果如表 4-75

表 4-75　負向情緒狀態與老師或政府機構社會支持 Pearson 積差相關

N=2,624

	老師或政府機構情緒性支持	老師或政府機構工具性支持	老師或政府機構訊息性支持
情緒壓力/緊張	-.087**	-.149**	-.055**
情緒焦慮	-.060**	-.116**	-.079**
情緒抑鬱	-.160**	-.166**	-.157**

由表 4-75 得知：從負向情緒狀態之「情緒緊張/壓力」情形，澳門地區青少年覺知在「老師或政府機構情緒性支持」$r_{(2622)}$=-.087(P<.001)、在「老師或政府機構工具性支持」$r_{(2622)}$=-.149（P<.001）、在「老師或政府機構訊息性支持」$r_{(2622)}$=-.055（P<.01）；從負向情緒狀態之「情緒焦慮」情形，澳門地區青少年覺知在「老師或政府機構情緒性支持」$r_{(2622)}$=-.060(P<.01)、在「老師或政府機構工具性支持」$r_{(2622)}$=-.116（P<.001）、在「老師或政府機構訊息性支持」$r_{(2622)}$=-.079（P<.001）；從負向情緒狀態之「情緒抑鬱」情形，澳門地區青少年覺知在「老師或政府機構情緒性支持」$r_{(2622)}$=-.160(P<.001)、在「老師或政府機構工具性支持」$r_{(2622)}$=-.166（P<.001）、在「老師或政府機構訊息性支持」$r_{(2622)}$=-.157（P<.001）。上述資料顯示；負向情緒狀態量表對老師或政府機構社會支持之各分量表皆有顯著負相關存在

4.生活困擾與家人社會支持

　　由 Pearson 積差相關分析生活困擾之分量表與家人社會支持之分量表各項度之間的相關情形，結果如表 4-76

表 4-76　生活困擾與家人社會支持 Pearson 積差相關

N=2,624

	家人情緒性支持	家人工具性支持	家人訊息性支持
人際困擾	-.316**	-.296**	-.292**
學業困擾	-.158**	-.110**	-.127**

由表 4-76 得知：從生活困擾之「人際困擾」情形，澳門地區青少年覺知在「家人情緒性支持」$r_{(2622)}$=-.316(P<.001)、在「家人工具性支持」$r_{(2622)}$=-.296（P<.001）、在「家人訊息性支持」$r_{(2622)}$=-.292（P<.001）；從生活困擾之「學業困擾」情形，澳門地區青少年覺知在「家人情緒性支持」$r_{(2622)}$=-.158(P<.01)、在「家人工具性支持」$r_{(2622)}$=-.110（P<.01）、在「家人訊息性支持」$r_{(2622)}$=-.127（P<.01）。上述資料顯示；生活困擾量表對家人社會支持之各分量表皆有顯著負相關存在

5.生活困擾與同儕社會支持

　　由 Pearson 積差相關分析生活困擾之分量表與同儕社會支持之分量表各項度之間的相關情形，結果如表 4-77

表 4-77　生活困擾與同儕社會支持 Pearson 積差相關

N=2,624

	同儕情緒性支持	同儕工具性支持	同儕訊息性支持
人際困擾	-.115**	-.134**	-.097**
學業困擾	-.004	-.071**	.019

由表 4-77 得知：從生活困擾之「人際困擾」情形，澳門地區青少年覺知在「同儕情緒性支持」$r_{(2622)}$=-.115(P<.001)、在「同儕工具性支持」$r_{(2622)}$=-.134（P<.001）、在「同儕訊息性支持」$r_{(2622)}$=-.097（P<.001）；從生活困擾之「學業困擾」情形，澳門地區青少年覺知在「同儕情緒性支持」$r_{(2622)}$=-.004(P>.05)、在「同儕工具性支持」$r_{(2622)}$=-.071（P<.001）、在「同儕訊息性支持」$r_{(2622)}$=.019（P>.05）。上述資料顯示；生活困擾之人際困擾對同儕社會支持各量表皆

有顯著正相關;生活困擾之學業困擾唯在同儕社會支持的「同儕工具性支持」有顯著性負相關,其餘分量表皆無顯著相關。

6.生活困擾與老師或政府機構社會支持

由 Pearson 積差相關分析生活困擾之分量表與老師或政府機構社會支持之分量表各項度之間的相關情形,結果如表 4-78

表 4-78 生活困擾與老師或政府機構社會支持 Pearson 積差相關

N=2,624

	老師或政府機構情緒性支持	老師或政府機構工具性支持	老師或政府機構訊息性支持
人際困擾	-.136**	-.147**	-.141**
學業困擾	-.037	-.102**	.013

由表 4-78 得知:從生活困擾之「人際困擾」情形,澳門地區青少年覺知在「老師或政府機構情緒性支持」$r_{(2622)}$=-.136(P<.001)、在「老師或政府機構工具性支持」$r_{(2622)}$=-.147(P<.001)、在「老師或政府機構訊息性支持」$r_{(2622)}$=-.141(P<.001);從生活困擾之「學業困擾」情形,澳門地區青少年覺知在「老師或政府機構情緒性支持」$r_{(2622)}$=-.037(P>.05)、在「老師或政府機構工具性支持」$r_{(2622)}$=-.102(P<.001)、在「老師或政府機構訊息性支持」$r_{(2622)}$=.013(P>.05)。上述資料顯示;生活困擾量之人際困擾對老師及政府機構社會支持皆有顯著負相關存在;生活困擾之學業困擾唯有在老師及政府工具性支持有顯著負相關存在,其餘皆無顯著相關。

（二）心理健康與青少年正向發展之 Pearson 積差相關

1. 負向情緒狀態與青少年正向發展

由 Pearson 積差相關分析負向情緒狀態之分量表與青少年正向發展之分量表各項度之間的相關情形，結果如表 4-79

表 4-79　負向情緒狀態與青少年正向發展 Pearson 積差相關

N=2,624

	能力	自信	品格	關懷	連結
情緒壓力/緊張	-.248**	-.356**	-.132**	-.004	-.275**
情緒焦慮	-.269**	-.370**	-.132**	-.008	-.258**
情緒抑鬱	-.320**	-.479**	-.239**	-.084**	-.386**

由表 4-79 得知：從負向情緒狀態之「情緒緊張/壓力」情形，澳門地區青少年覺知在「能力」$r_{(2622)}$=-.248(P<.001)、在「自信」$r_{(2622)}$=-.356（P<.001）、在「品格」$r_{(2622)}$=-.132（P<.001）、在「關懷」$r_{(2622)}$=-.004（P>.05）、在「連結」$r_{(2622)}$=-.275（P<.001）；從負向情緒狀態之「情緒焦慮」情形，澳門地區青少年覺知在「能力」$r_{(2622)}$=-.269(P<.001)、在「自信」$r_{(2622)}$=-.370（P<.001）、在「品格」$r_{(2622)}$=-.132（P<.001）、在「關懷」$r_{(2622)}$=-.008（P>.05）、在「連結」$r_{(2622)}$=-.258（P<.001）；從負向情緒狀態之「情緒抑鬱」情形，澳門地區青少年覺知在「能力」$r_{(2622)}$=-.320(P<.001)、在「自信」$r_{(2622)}$=-.479（P<.001）、在「品格」$r_{(2622)}$=-.239（P<.001）、在「關懷」$r_{(2622)}$=-.084（P<.001）、在「連結」$r_{(2622)}$=-.386（P<.001）。上述資料顯示；負向情緒壓力/緊張唯有對正向發展之關懷無顯著相關存在，其餘皆有顯著負相關；負向情緒焦慮唯有在對正向發展之關懷無顯著相關存在，其餘皆有顯著負相關；負向情緒抑鬱對正向發展之各分量表皆有顯著負相關存在。

2.生活困擾與青少年正向發展

由 Pearson 積差相關分析生活困擾之分量表與青少年正向發展之分量表各項度之間的相關情形，結果如表 4-80

表 4-80　生活困擾與青少年正向發展 Pearson 積差相關

N=2,624

	能力	自信	品格	關懷	連結
人際困擾	-.244**	-.364**	-.195**	-.032	-.357**
學業困擾	-.264**	-.342**	-.098**	.034	-.228**

由表 4-80 得知：從生活困擾之「人際困擾」情形，澳門地區青少年覺知在「能力」$r_{(2622)}$=-.244(P<.001)、在「自信」$r_{(2622)}$=-.364（P<.001）、在「品格」$r_{(2622)}$=-.195（P<.001）、在「關懷」$r_{(2622)}$=-.032（P>.05）、在「連結」$r_{(2622)}$=-.357（P<.001）；從生活困擾之「學業困擾」情形，澳門地區青少年覺知在「能力」$r_{(2622)}$=-.264(P<.001)、在「自信」$r_{(2622)}$=-.342（P<.001）、在「品格」$r_{(2622)}$=-.098（P<.001）、在「關懷」$r_{(2622)}$=.034（P>.05）、在「連結」$r_{(2622)}$=-..228（P<.001）。上述資料顯示；生活困擾之人際困擾對青少年正向發展之各分量表皆有顯著負相關存在；生活困擾之學業困擾唯有對青少年正向發展之關懷無顯著相關存在，其餘各分量表皆有顯著負相關。

（三）心理健康與青少年優勢力之 Pearson 積差相關

1.負向情緒狀態與青少年優勢力

由 Pearson 積差相關分析負向情緒狀態之分量表與青少年優勢力之分量表各項度之間的相關情形，結果如表 4-81

表 4-81　負向情緒狀態與青少年優勢力 Pearson 積差相關

N=2,624

	智性	心性	韌力
情緒壓力/緊張	-.153**	-.192**	-.329**
情緒焦慮	-.162**	-.190**	-.293**
情緒抑鬱	-.342**	-.324**	-.361**

由表 4-81 得知：從負向情緒狀態之「情緒緊張/壓力」情形，澳門地區青少年覺知在「智性」$r_{(2622)}$=-.153(P<.001)、在「心性」$r_{(2622)}$=-.192（P<.001）、在「韌力」$r_{(2622)}$=-.329（P<.001）；從負向情緒狀態之「情緒焦慮」情形，澳門地區青少年覺知在「智性」$r_{(2622)}$=-.162(P<.001)、在「心性」$r_{(2622)}$=-.190（P<.001）、在「韌力」$r_{(2622)}$=-.293（P<.001）；從負向情緒狀態之「情緒抑鬱」情形，澳門地區青少年覺知在「智性」$r_{(2622)}$=-.342(P<.001)、在「心性」$r_{(2622)}$=-.324（P<.001）、在「韌力」$r_{(2622)}$=-.361（P<.001）。上述資料顯示；負向情緒狀態量表對青少年優勢力之各分量表皆有顯著負相關存在。

2.生活困擾與青少年優勢力

由 Pearson 積差相關分析生活困擾之分量表與青少年優勢力之分量表各項度之間的相關情形，結果如表 4-82

表 4-82　生活困擾與青少年優勢力 Pearson 積差相關

N=2,624

	智性	心性	韌力
人際困擾	-.218**	-.228**	-.249**
學業困擾	-.172**	-.159**	-.254**

由表 4-82 得知：從生活困擾之「人際困擾」情形，澳門地區青少年覺知在「智性」$r_{(2622)}$=-.218(P<.001)、在「心性」$r_{(2622)}$=-.228（P<.001）、在「韌力」$r_{(2622)}$=-.249（P<.001）；從生活困擾之「學業困擾」情形，澳門地區青少年覺知在「智性」$r_{(2622)}$=-.172(P<.001)、在「心性」$r_{(2622)}$=-.159（P<.001）、在「韌

力」r₍2622₎=-.254（P<.001）。上述資料顯示；生活困擾量表對青少年優勢力之各分量表皆有顯著負相關存在

（四）社會支持與青少年正向發展之 Pearson 積差相關

1. 家人社會支持與青少年正向發展

由 Pearson 積差相關分析家人社會支持之分量表與青少年正向發展之分量表各項度之間的相關情形，結果如表 4-83

表 4-83　家人社會支持與青少年正向發展 Pearson 積差相關

N=2,624

	能力	自信	品格	關懷	連結
家人情緒性支持	.245**	.346**	.297**	.185**	.445**
家人工具性支持	.233**	.334**	.286**	.201**	.417**
家人訊息性支持	.215**	.311**	.285**	.210**	.402**

由表 4-83 得知：從家人社會支持之「家人情緒性支持」情形，澳門地區青少年覺知在「能力」$r_{(2622)}$=.245（P<.001）、在「自信」$r_{(2622)}$=.346（P<.001）、在「品格」$r_{(2622)}$=.297（P<.001）、在「關懷」$r_{(2622)}$=.185（P<.001）、在「連結」$r_{(2622)}$=.445（P<.001）；從家人社會支持之「家人工具性支持」情形，澳門地區青少年覺知在「能力」$r_{(2622)}$=.233(P<.001)、在「自信」$r_{(2622)}$=.334（P<.001）、在「品格」$r_{(2622)}$=.286（P<.001）、在「關懷」$r_{(2622)}$=.201（P<.001）、在「連結」$r_{(2622)}$=.417（P<.001）；從家人社會支持之「家人訊息性支持」情形，澳門地區青少年覺知在「能力」$r_{(2622)}$=.215P<.001)、在「自信」$r_{(2622)}$=.311（P<.001）、在「品格」$r_{(2622)}$=.285（P<.001）、在「關懷」$r_{(2622)}$=.210（P<.001）、在「連結」$r_{(2622)}$=.402（P<.001）。上述資料顯示；家人社會支持量表對青少年正向發展之各分量表皆有顯著正相關存在

2. 同儕社會支持與青少年正向發展

由 Pearson 積差相關分析同儕社會支持之分量表與青少年正向發展之分量表各項度之間的相關情形，結果如表 4-84

表 4-84　同儕社會支持與青少年正向發展 Pearson 積差相關

N=2,624

	能力	自信	品格	關懷	連結
同儕情緒性支持	.203**	.239**	.258**	.247**	.387**
同儕工具性支持	.229**	.236**	.228**	.239**	.358**
同儕訊息性支持	.173**	.194**	.248**	.264**	.356**

由表 4-84 得知：從同儕社會支持之「同儕情緒性支持」情形，澳門地區青少年覺知在「能力」$r_{(2622)}$=.203 (P<.001)、在「自信」$r_{(2622)}$=.239（P<.001）、在「品格」$r_{(2622)}$=.258（P<.001）、在「關懷」$r_{(2622)}$=.247（P<.001）、在「連結」$r_{(2622)}$=.387（P<.001）；從同儕社會支持之「同儕工具性支持」情形，澳門地區青少年覺知在「能力」$r_{(2622)}$=.229(P<.001)、在「自信」$r_{(2622)}$=.236（P<.001）、在「品格」$r_{(2622)}$=.228（P<.001）、在「關懷」$r_{(2622)}$=.239（P<.001）、在「連結」$r_{(2622)}$=.358（P<.001）；從同儕社會支持之「同儕訊息性支持」情形，澳門地區青少年覺知在「能力」$r_{(2622)}$=.173(P<.001)、在「自信」$r_{(2622)}$=.194（P<.001）、在「品格」$r_{(2622)}$=.248（P<.001）、在「關懷」$r_{(2622)}$=.264（P<.001）、在「連結」$r_{(2622)}$=.356（P<.001）。上述資料顯示；同儕社會支持量表對青少年正向發展之各分量表皆有顯著正相關存在

3.老師或政府機構社會支持與青少年正向發展

由 Pearson 積差相關分析老師或政府機構社會支持之分量表與青少年正向發展之分量表各項度之間的相關情形，結果如表 4-85

表 4-85 老師或政府機構社會支持與青少年正向發展 Pearson 積差相關

N=2,624

	能力	自信	品格	關懷	連結
老師或政府機構情緒性支持	.186**	.235**	.295**	.249**	.388**
老師或政府機構工具性支持	.210**	.228**	.248**	.213**	.365**
老師或政府機構訊息性支持	.166**	.213**	.296**	.243**	.336**

由表 4-85 得知：從老師或政府機構社會支持之「老師或政府機構情緒性支持」情形，澳門地區青少年覺知在「能力」$r_{(2622)}$=.186(P<.001)、在「自信」$r_{(2622)}$=.235（P<.001）、在「品格」$r_{(2622)}$=.295（P<.001）、在「關懷」$r_{(2622)}$=.249（P<.001）、在「連結」$r_{(2622)}$=.388（P<.001）；從老師或政府機構社會支持之「老師或政府機構工具性支持」情形，澳門地區青少年覺知在「能力」$r_{(2622)}$=.210(P<.001)、在「自信」$r_{(2622)}$=.228（P<.001）、在「品格」$r_{(2622)}$=.248（P<.001）、在「關懷」$r_{(2622)}$=.213（P<.001）、在「連結」$r_{(2622)}$=.365

（P<.001）；從老師或政府機構社會支持之「老師或政府機構訊息性支持」情形，澳門地區青少年覺知在「能力」$r_{(2622)}$=.166(P<.001)、在「自信」$r_{(2622)}$=.213（P<.001）、在「品格」$r_{(2622)}$=.296（P<.001）、在「關懷」$r_{(2622)}$=.243（P<.001）、在「連結」$r_{(2622)}$=.336（P<.001）。上述資料顯示；老師或政府機構社會支持量表對青少年正向發展之各分量表皆有顯著正相關存在

（五）社會支持與青少年優勢力之 Pearson 積差相關

1.家人社會支持與青少年優勢力

由 Pearson 積差相關分析家人社會支持之分量表與青少年優勢力之分量表各項度之間的相關情形，結果如表 4-86

表 4-86 家人社會支持與青少年優勢力 Pearson 積差相關

N=2,624

	智性	心性	韌力
家人情緒性支持	.350**	.375**	.313**
家人工具性支持	.360**	.372**	.303**
家人訊息性支持	.331**	.334**	.281**

由表 4-86 得知：從家人社會支持之「家人情緒性支持」情形，澳門地區青少年覺知在「智性」$r_{(2622)}$=.350(P<.001)、在「心性」$r_{(2622)}$=.375（P<.001）、在「韌力」$r_{(2622)}$=.313（P<.001）；從家人社會支持之「家人工具性支持」情形，澳門地區青少年覺知在「智性」$r_{(2622)}$=.360(P<.001)、在「心性」$r_{(2622)}$=.372（P<.001）、在「韌力」$r_{(2622)}$=.303（P<.001）；從家人社會支持之「家人訊息性支持」情形，澳門地區青少年覺知在「智性」$r_{(2622)}$=.331(P<.001)、在「心性」$r_{(2622)}$=.334（P<.001）、在「韌力」$r_{(2622)}$=.281（P<.001）。上述資料顯示；家人社會支持量表對青少年優勢力之各分量表皆有顯著正相關存在

2.同儕社會支持與青少年優勢力

由 Pearson 積差相關分析同儕社會支持之分量表與青少年優勢力之分量表各項度之間的相關情形，結果如表 4-87

表 4-87 同儕社會支持與青少年優勢力 Pearson 積差相關

N=2,624

	智性	心性	韌力
同儕情緒性支持	.343**	.394**	.232**
同儕工具性支持	.317**	.380**	.268**
同儕訊息性支持	.342**	.349**	.257**

由表 4-87 得知：從同儕社會支持之「同儕情緒性支持」情形，澳門地區青少年覺知在「智性」$r_{(2622)}$=.343(P<.001)、在「心性」$r_{(2622)}$=.394（P<.001）、在「韌力」$r_{(2622)}$=.232（P<.001）；從同儕社會支持之「同儕工具性支持」情形，

澳門地區青少年覺知在「智性」$r_{(2622)}$=.317(P<.001)、在「心性」$r_{(2622)}$=.380（P<.001）、在「韌力」$r_{(2622)}$=.268（P<.001）；從同儕社會支持之「同儕訊息性支持」情形，澳門地區青少年覺知在「智性」$r_{(2622)}$=.342(P<.001)、在「心性」$r_{(2622)}$=.349（P<.001）、在「韌力」$r_{(2622)}$=.257（P<.001）。上述資料顯示；同儕社會支持量表對青少年優勢力之各分量表皆有顯著正相關存在

3.老師或政府機構社會支持與青少年優勢力

由 Pearson 積差相關分析老師或政府機構社會支持之分量表與青少年優勢力之分量表各項度之間的相關情形，結果如表 4-88

表 4-88　老師或政府機構社會支持與青少年優勢力 Pearson 積差相關

N=2,624

	智性	心性	韌力
老師或政府機構情緒性支持	.365**	.371**	.288**
老師或政府機構工具性支持	.298**	.323**	.274**
老師或政府機構訊息性支持	.348**	.319**	.243**

由表 4-88 得知：從老師或政府機構社會支持之「老師或政府機構情緒性支持」情形，澳門地區青少年覺知在「智性」$r_{(2622)}$=.365(P<.001)、在「心性」$r_{(2622)}$=.371（P<.001）、在「韌力」$r_{(2622)}$=.288（P<.001）；從老師或政府機構社會支持之「老師或政府機構工具性支持」情形，澳門地區青少年覺知在「智性」$r_{(2622)}$=.298(P<.001)、在「心性」$r_{(2622)}$=.323（P<.001）、在「韌力」$r_{(2622)}$=.274（P<.001）；從老師或政府機構社會支持之「老師或政府機構訊息性支持」情形，澳門地區青少年覺知在「智性」$r_{(2622)}$=.348(P<.001)、在「心性」$r_{(2622)}$=.319（P<.001）、在「韌力」$r_{(2622)}$=.243（P<.001）。上述資料顯示；老師或政府機構社會支持量表對青少年優勢力之各分量表皆有顯著正相關存在

（六）青少年正向發展與青少年優勢力之 Pearson 積差相關

由 Pearson 積差相關分析青少年正向發展之分量表與青少年優勢力之分量表各項度之間的相關情形，結果如表 4-89

表 4-89　青少年正向發展與青少年優勢力 Pearson 積差相關

N=2,624

	智性	心性	韌力
能力	.415**	.565**	.360**
自信	.483**	.531**	.490**
品格	.585**	.479**	.412**
關懷	.420**	.447**	.242**
連結	.523**	.629**	.460**

由表 4-89 得知：從青少年正向發展之「能力」情形，澳門地區青少年覺知在「智性」$r_{(2622)}$=.415(P<.001)、在「心性」$r_{(2622)}$=.565（P<.001）、在「韌力」$r_{(2622)}$=.360（P<.001）；從青少年正向發展之「自信」情形，澳門地區青少年覺知在「智性」$r_{(2622)}$=.483(P<.001)、在「心性」$r_{(2622)}$=.531（P<.001）、在「韌力」$r_{(2622)}$=.490（P<.001）；從青少年正向發展之「品格」情形，澳門地區青少年覺知在「智性」$r_{(2622)}$=.585(P<.001)、在「心性」$r_{(2622)}$=.479（P<.001）、在「韌力」$r_{(2622)}$=.412（P<.001）；從青少年正向發展之「關懷」情形，澳門地區青少年覺知在「智性」$r_{(2622)}$=.420(P<.001)、在「心性」$r_{(2622)}$=.447（P<.001）、在「韌力」$r_{(2622)}$=.242（P<.001）；從青少年正向發展之「連結」情形，澳門地區青少年覺知在「智性」$r_{(2622)}$=.523(P<.001)、在「心性」$r_{(2622)}$=.629（P<.001）、在「韌力」$r_{(2622)}$=.460（P<.001）。上述資料顯示；青少年正向發展量表對青少年優勢力之各分量表皆有顯著正相關存在

八、心理健康、社會支持、青少年優勢力對青少年正向發展量表之逐步回歸分析

本節主要分析青少年心理健康、社會支持、青少年優勢力對青少年正向發展之預測分析，採用多元逐步回歸，以心理健康之負向情緒狀態「情緒壓力/緊張」、「情緒焦慮」、「情緒抑鬱」；心理健康之生活困擾「人際困擾」、「學業困擾」；社會支持「情緒性支持」、「工具性支持」、「訊息性支持」；青少年優勢力「智性」、「心性」、「韌力」作為預測變項對青少年正向發展之「能力」、「自信」、「品格」、「關懷」及「連結」作為校標變項。

（一）對能力之預測分析

心理健康之負向情緒狀態「情緒壓力/緊張」、「情緒焦慮」、「情緒抑鬱」；心理健康之生活困擾「人際困擾」、「學業困擾」；社會支持「情緒性支持」、「工具性支持」、「訊息性支持」；青少年優勢力「智性」、「心性」、「韌力」等作為預測變項對「青少年正向發展能力」之逐步回歸分析時發現，心性、學業困擾、情緒焦慮可以預測正向發展能力 R^2=.358，心性 β=.524、學業困擾 β=-.128、情緒焦慮 β=-.106。此分析顯示心性、學業困擾、情緒焦慮可以預測正向發展能力 35.8%；結果指出青少年優勢力心性越高其青少年正向發展能力越高，反之學業困擾越高其對青少年正向發展能力越低，情緒焦慮覺知越高其對青少年正向發展能力越低(表 4-90)。

表 4-90 各量表對青少年正向發展之能力多元逐步迴歸分析摘要表

N=2624

進入迴歸順序	複相關係數（R）	決定係數（R^2）	R^2	標準化迴歸係數（β係數）	t值	P值
心性加總	.565[a]	.319	--	.524	32.784	.000
學業困擾加總	.591[b]	.350	.031	-.128	-7.056	.000
情緒焦慮加總	.598[c]	.358	.008	-.106	-5.837	.000

（二）對自信之預測分析

　　心理健康之負向情緒狀態「情緒壓力/緊張」、「情緒焦慮」、「情緒抑鬱」；心理健康之生活困擾「人際困擾」、「學業困擾」；社會支持「情緒性支持」、「工具性支持」、「訊息性支持」；青少年優勢力「智性」、「心性」、「韌力」等作為預測變項對「青少年正向發展自信」之逐步回歸分析時發現，心性、情緒抑鬱、韌力、學業困擾、家人工具性支持、智性、情緒焦慮、人際困擾可以預測正想發展自信 R^2=.438，心性 β=.261、情緒抑鬱 β=-.172、韌力 β=.146、學業困擾 β=-.102、家人工具性支持 β=.075、智性 β=.101、情緒焦慮 β=-.058、人際困擾 β=-.042。此分析心性、情緒抑鬱、韌力、學業困擾、家人工具性支持、智性、情緒焦慮、人際困擾可以預測正向發展自信 43.8%；結果指出青少年優勢力心性覺知越高其青少年正向發展自信越高，青少年優勢力韌力越高其青少年正向發展自信越高，家人工具性支持覺知越高其青少年正向發展自信越高，青少年優勢力智性越高其青少年正向發展自信越高；反之情緒抑鬱越高其青少年正向發展自信越低，學業困擾覺知越高其青少年正向發展自信越低，情緒焦慮覺知越高其青少年正向發展自信越低，人際困擾覺知越高其青少年正向發展自信越低（表 4-91）

表 4-91　各量表對青少年正向發展之自信多元逐步迴歸分析摘要表

N＝2624

進入迴歸順序	複相關係數（R）	決定係數（R^2）	R^2	標準化迴歸係數（β係數）	t值	P值
心性加總	.531[a]	.282	--	.261	12.365	.000
情緒抑鬱加總	.622[b]	.387	.105	-.172	-7.614	.000
韌力加總	.643[c]	.413	.026	.146	7.485	.000
學業困擾加總	.651[d]	.424	.011	-.102	-5.567	.000
家人工具性支持加總	.656[e]	.430	.006	.075	4.532	.000
智性加總	.659[f]	.434	.004	.101	4.674	.000
情緒焦慮加總	.661[g]	.437	.003	-.058	-2.767	.006
人際困擾加總	.661[h]	.438	.001	-.042	-2.147	.032

（三）對品格之預測分析

　　心理健康之負向情緒狀態「情緒壓力/緊張」、「情緒焦慮」、「情緒抑鬱」；心理健康之生活困擾「人際困擾」、「學業困擾」；社會支持「情緒性支持」、「工具性支持」、「訊息性支持」；青少年優勢力「智性」、「心性」、「韌力」等作為預測變項對「青少年正向發展品格」之逐步回歸分析時發現，智性、心性、老師或政府機構訊息性支持、家人訊息性支持、韌力、人力困擾、學業困擾可以預測正向發展品格 R^2=.371，智性 β=.427、心性 β=.107、老師或政府機構訊息性支持 β=.069、家人訊息性支持 β=.055、韌力 β=.068、人際困擾 β=-.057、學業困擾 β=.044。此分析顯示智性、心性、老師或政府機構訊息性支持、家人訊息性支持、韌力、人際困擾、學業困擾可以預測正向發展品格 37.1%；結果指出青少年優勢力智性越高其青少年正向發展品格越高、青少年優勢力心性越高其青少年正向發展品格越高，老師或政府機構訊息性支持越高其青少年正向發展品格越高，家人訊息性支持越高其青少年正向發展品格越高，人際困擾覺知越高其青少年正向發展品格越低，學業困擾覺知高其青少年正向發展品格越高(表 4-92)

表 4-92　各量表對青少年正向發展之自信多元逐步迴歸分析摘要表

N=2624

進入迴歸順序	複相關係數（R）	決定係數（R^2）	R^2	標準化迴歸係數（β係數）	t值	P值
智性加總	.585[a]	.342	--	.427	18.823	.000
心性加總	.596[b]	.355	.013	.107	4.795	.000
老師或政府機構訊息性支持加總	.602[c]	.362	.007	.069	4.000	.000
家人訊息性支持加總	.605[d]	.366	.004	.055	3.098	.002
韌力加總	.607[e]	.369	.003	.068	3.325	.001
人際困擾加總	.608[f]	.370	.001	-.057	-3.037	.002
學業困擾加總	.609[g]	.371	.001	.044	2.416	.016

（四）對關懷之預測分析

心理健康之負向情緒狀態「情緒壓力/緊張」、「情緒焦慮」、「情緒抑鬱」；心理健康之生活困擾「人際困擾」、「學業困擾」；社會支持「情緒性支持」、「工具性支持」、「訊息性支持」；青少年優勢力「智性」、「心性」、「韌力」等作為預測變項對「青少年正向發展關懷」之逐步迴歸分析時發現，心性、智性、學業困擾、同儕訊息性支持、韌力、老師或政府機構工具性支持、情緒抑鬱、家人訊息性支持、家人情緒性支持可以預測正向發展關懷 R^2 =.255，心性 β = .311、智性 β = .238、學業困擾 β = .087、同儕訊息性支持 β = .072、韌力 β = -.068；老師或政府機構工具性支持 β = .043、情緒抑鬱 β = .049、家人訊息性支持 β = .073、家人情緒性支持 β = -.053，此分析顯示心性、智性、學業困擾、同儕訊息性支持、韌力、老師或政府機構工具性支持、情緒抑鬱、家人訊息性支持、家人情緒性支持可以預測正向發展關懷 25.5%；結果指出青少年優勢力心性越高其青少年正向發展關懷越高，青少年優勢力智性越高其青少年正向發展關懷越高，學業困擾越高其青少年正向發展關懷越高，同儕訊息性支持越高其青少年正向發展關懷越高，老師或政府機構工具性支持越高其青少年正向發展關懷越高，情緒抑鬱越高其青少年正向發展關懷越高，家人訊息性支持越高其青少年正向發展關懷越高，青少年優勢力韌力越高其青少年正向發展關懷越低，家人情緒性支持越高其青少年正向發展關懷越低(表 4-93)。

表 4-93 各量表對青少年正向發展之自信多元逐步迴歸分析摘要表

N＝2624

進入迴歸順序	複相關係數（R）	決定係數（R^2）	R^2	標準化迴歸係數（β係數）	t值	P值
心性加總	.447[a]	.200	--	.311	12.666	.000
智性加總	.475[b]	.226	.026	.238	9.655	.000
學業困擾加總	.490[c]	.240	.014	.087	4.386	.000
同儕訊息性支持加總	.497[d]	.247	.007	.072	3.744	.000
韌力加總	.500[e]	.250	.003	-.068	-3.040	.002
老師或政府機構工具性支持加總	.501[f]	.251	.001	.043	2.223	.026

N=2624

進入迴歸順序	複相關係數（R）	決定係數（R²）	R²	標準化迴歸係數（β係數）	t 值	P 值
情緒抑鬱加總	.503ᵍ	.253	.003	.049	2.322	.020
家人訊息性支持加總	.504ʰ	.254	.001	.073	2.933	.003
家人情緒性支持加總	.505ⁱ	.255	.001	-.053	-2.094	.036

（五）對連結之預測分析

　　心理健康之負向情緒狀態「情緒壓力/緊張」、「情緒焦慮」、「情緒抑鬱」；心理健康之生活困擾「人際困擾」、「學業困擾」；社會支持「情緒性支持」、「工具性支持」、「訊息性支持」；青少年優勢力「智性」、「心性」、「韌力」等作為預測變項對「青少年正向發展連結」之逐步回歸分析時發現，心性、家人情緒性支持、人際困擾、老師或政府機構工具性支持、智性、同儕情緒性支持、情緒抑鬱、韌力、家人訊息性支持、同儕訊息性支持、老師或政府機構情緒性支持可以預測正向發展連結 R^2=.508，心性 β=.373、家人情緒支持 β=.093、人際困擾 β=-.132、老師或政府機構工具性支持 β=.065、智性 β=.071、同儕情緒性支持 β=.061、情緒抑鬱 β=-.073、韌力 β=.052、家人訊息性支持 β=.047、同儕訊息性支持 β=.041、老師或政府機構情緒支持 β=.039。此分析顯示心性、家人情緒性支持、人際困擾、老師或政府機構工具性支持、智性、同儕情緒性支持、情緒抑鬱、韌力、家人訊息性支持、同儕訊息性支持、老師或政府機構情緒性支持可以預測正向發展連結 50.8%；青少年優勢力心性覺知越高其青少年正向發展連結越高，家人情緒性支持越高其青少年正向發展連結越高，老師或政府機構工具性越高支持其青少年正向發展連結越高，青少年優勢力智性越高其青少年正向發展連結越高，同儕情緒性支持越高其青少年正向發展連結越高，青少年優勢力越高其青少年正向發展連結越高，家人訊息性支持越高其青少年正向發展連結越高，老師或政府機構情緒性支持越高其青少年正向發展連結越高，反之人際困擾越高其青少年正向發展連結越低，情緒抑鬱越高其青少年正向發展連結越低(表 4-94)。

表 4-94　各量表對青少年正向發展之自信多元逐步迴歸分析摘要表

N＝2624

進入迴歸順序	複相關係數（R）	決定係數（R^2）	R^2	標準化迴歸係數（β係數）	t 值	P 值
心性加總	.629[a]	.395	--	.373	18.515	.000
家人情緒性支持加總	.668[b]	.446	.051	.093	4.398	.000
人際困擾加總	.689[c]	.474	.028	-.132	-7.706	.000
老師或政府機構工具性支持加總	.698[d]	.488	.014	.065	3.396	.001
智性加總	.703[e]	.495	.007	.071	3.497	.000
同儕情緒性支持加總	.707[f]	.500	.005	.061	3.001	.003
情緒抑鬱加總	.710[g]	.504	.004	-.073	-4.074	.000
韌力加總	.711[h]	.506	.002	.052	2.894	.004
家人訊息性支持加總	.712[i]	.507	.001	.047	2.289	.022
同儕訊息性支持加總	.713[j]	.508	.001	.041	2.071	.038
老師或政府機構情緒性支持加總	.713[k]	.508	.000	.039	1.982	.048

九、青少年心理健康與青少年正向發展之淨相關

由表4-95得知當排除社會支持量表及青少年優勢量表後,青少年心理健康與青少年正向發展淨相關係數為-.209(P<.000),達顯著負相關。

表 4-95　少年心理健康與青少年正向發展之淨相關

N=2624

控制變數			心理健康量表加總	青少年正向發展量表加總
社會支持量表＆青少年優勢力量表	心理健康量表	相關	1.000	-.209
		顯著性(雙尾)	.	.000
		df	0	2620
	青少年正向發展量表	相關	-.209	1.000
		顯著性(雙尾)	.000	.
		df	2620	0

貳、研究結論與建議

一、研究結論

研究之受測者澳門地區青少年的現居地以「澳門地區」為最高，其次為「內地地區」；青少年的教育程度以「初中生」為最高，其次為「高中生」。本研究之澳門地區青少年最常使用的網路活動以「線上通訊」為最高，其次為「線上影音」，依序為「線上遊戲」、「瀏覽社群網站」。

關於青少年正負向思考如何影響心理健康之議題，過去研究多探討負向思考如何影響其心理健康，但鮮少研究探討青少年正向思考如何影響心理健康。此外，在探究青少年心理健康議題時，過去研究也多從負向心理健康角度（例如：憂鬱），而缺乏從正向心理健康（例如：生活滿意度）的角度。然而，陳坤虎與周芸安（2015）從心理學角度，以極易出現心理健康問題之國中生為樣本，探討青少年正負向思考與正負向心理健康指標（亦即，憂鬱、生活滿意度）之關聯，藉此釐清正負向思考對於青少年正負向思考與心理健康之心理健康是否具有不同的意涵。同時，陳坤虎與周芸安（2015）更進一步以青少年因應方式是否能在正負向思考與心理健康之間扮演調節的角色。李孟蓉、劉燕萍（2020）和楊佩榮、張怡芬（2021）分別從正向少年發展模式推動與社區及少年服務中心以充權自我效能及積極因應能力。據此，本研究以極易出現心理健康問題之國中生及高中生為樣本，探討心理健康(負向情緒)、社會支持、青少年優勢力與青少年正向發展與正向發展之關係。以下茲就研究結果及結論分述如下：

（一）負向情緒變項(狀態壓力/緊張、焦慮、抑鬱)，在「性別」背景變項之差異性分析，發現澳門國中生性別為女生皆高於男生。負向情緒狀態變項在「教育程度」背景變項之差異性分析檢定得知，與顯示壓力/緊張、焦慮及抑鬱在教育程度達顯著差異：年級在高中生對情緒壓力/緊張覺知高於國中生。負向情緒狀態變項在「自覺課業表現」背景變項之差異性分析檢定得知，與顯示壓力/緊張、焦慮及抑鬱在自覺課業表

現達顯著差異，自覺課業表現不好高於普通且在高於中上的國中生。

（二）家人社會支持變項(工具性、情感性、訊息性)在「性別」背景變項之差異性分析，發現家人對男生情緒性支持與訊息性支持比女生高；同儕社會支持變項(工具性、情感性、訊息性)在「性別」與「教育程度」背景變項之差異性分析，發現女生在所有支持皆高於男生，教育程度發現高中生在情感性與訊息性支持皆高於國中生。老師或政府機構社會支持變項(工具性、情感性、訊息性)在「性別」背景變項之差異性分析，發現家人對女生情緒性支持與訊息性支持比男生高，教育程度發現沒有差異存在。

（三）青少年正向發展變項(能力、自信、品格、關懷、連結等五個構面)在「性別」背景變項之差異性分析，顯示在性別達顯著差異，發現性別為女生的在能力、自信、關懷、連結等構面高於男生。青少年正向發展變項(能力、自信、品格、關懷、連結等五個構面)在「教育程度」背景變項之差異性分析，顯示能力與品格在年級達顯著差異，發現國中在能力高於高中生，然而在品格則是高中生高於國中生。

（四）青少年優勢力變項在「性別」背景變項之差異性分析發現智性在性別達顯著差異，發現性別為女生對青少年智性優於性別為男生的青少年；對韌力顯示出有性別達顯著差異，發現性別為男生的青少年對青少年韌力高於性別為女生的青少年。

（五）負向情緒狀態、社會支持與青少年正向發展之相關分析之間的關係，以Pearson積差相關進行統計分析。發現：負向情緒狀態與社會支持(家人、同儕、老師與機構)皆為低度負相關(.3以下)；社會支持與青少年正向發展發現：家人與機構支持與青少年正向發展為中低度正相關；家人、同儕的支持與青少年正向發展為中度正相關。負向情緒狀態、生活困擾與青少年正向發展為中度負相關(.4以下)；負向情緒壓力/緊

張唯有對正向發展之關懷無顯著相關存在，其餘皆有顯著中度負相關；負向情緒焦慮唯有在對正向發展之關懷無顯著相關存在，其餘皆有顯著中度負相關；負向情緒抑鬱對正向發展之各分量表皆有顯著中度負相關存在。負向情緒狀態(情緒壓力、情緒焦慮、情緒抑鬱)、生活困擾(學業、人際)與青少年優勢力之各分量表(智性、心性、韌力)皆有顯著中低度負相關(.3以下)存在。

（六）青少年心理健康、社會支持、青少年優勢力對青少年正向發展之預測分析，以心理健康之負向情緒狀態「情緒壓力/緊張」、「情緒焦慮」、「情緒抑鬱」；心理健康之生活困擾「人際困擾」、「學業困擾」；社會支持「情緒性支持」、「工具性支持」、「訊息性支持」；青少年優勢力「智性」、「心性」、「韌力」作為預測變項對青少年正向發展之「能力」、「自信」、「品格」、「關懷」及「連結」作為校標變項。結果發現這些預測變項分別對校標變項有不錯的預測力，分別在25%-50%之間，分述如下：

1. 心性、學業困擾、情緒焦慮可以預測正向發展能力35.8%；結果指出青少年優勢力心性越高其青少年正向發展能力越高，反之學業困擾越高其對青少年正向發展能力越低，情緒焦慮覺知越高其對青少年正向發展能力越低。

2. 心性、情緒抑鬱、韌力、學業困擾、家人工具性支持、智性、情緒焦慮、人際困擾可以預測正向發展自信43.8%；結果指出青少年優勢力心性覺知越高其青少年正向發展自信越高，青少年優勢力韌力越高其青少年正向發展自信越高，家人工具性支持覺知越高其青少年正向發展自信越高，青少年優勢力智性越高其青少年正向發展自信越高；反之情緒抑鬱越高其青少年正向發展自信越低，學業困擾覺知越高其青少年正向發展自信越低，情緒焦慮覺知越高其青少年正向發展自信越低，

人際困擾覺知越高其青少年正向發展自信越低。

3. 智性、心性、老師或政府機構訊息性支持、家人訊息性支持、韌力、人際困擾、學業困擾可以預測正向發展品格37.1%；結果指出青少年優勢力智性越高其青少年正向發展品格越高、青少年優勢力心性越高其青少年正向發展品格越高，老師或政府機構訊息性支持越高其青少年正向發展品格越高，家人訊息性支持越高其青少年正向發展品格越高，人際困擾覺知越高其青少年正向發展品格越低，學業困擾覺知高其青少年正向發展品格越高。

4. 心性、智性、學業困擾、同儕訊息性支持、韌力、老師或政府機構工具性支持、情緒抑鬱、家人訊息性支持、家人情緒性支持可以預測正向發展關懷25.5%；結果指出青少年優勢力心性越高其青少年正向發展關懷越高，青少年優勢力智性越高其青少年正向發展關懷越高，學業困擾越高其青少年正向發展關懷越高，同儕訊息性支持越高其青少年正向發展關懷越高，老師或政府機構工具性支持越高其青少年正向發展關懷越高，情緒抑鬱越高其青少年正向發展關懷越高，家人訊息性支持越高其青少年正向發展關懷越高，青少年優勢力韌力越高其青少年正向發展關懷越低，家人情緒性支持越高其青少年正向發展關懷越低。

5. 心性、家人情緒性支持、人際困擾、老師或政府機構工具性支持、智性、同儕情緒性支持、情緒抑鬱、韌力、家人訊息性支持、同儕訊息性支持、老師或政府機構情緒性支持可以預測正向發展連結50.8%；青少年優勢力心性覺知越高其青少年正向發展連結越高，家人情緒性支持越高其青少年正向發展連結越高，老師或政府機構工具性越高支持其青少年正向發展連結越高，青少年優勢力智性越高其青少年正向發展連結越高，同儕情緒性支持越高其青少年正向發展連結越高，青少

年優勢力越高其青少年正向發展連結越高，家人訊息性支持越高其青少年正向發展連結越高，老師或政府機構情緒性支持越高其青少年正向發展連結越高，反之人際困擾越高其青少年正向發展連結越低，情緒抑鬱越高其青少年正向發展連結越低。

過去研究指出正負向思考與心理健康之關係有關負向思考在心理健康扮演著重要角色的看法，尤其與憂鬱之關聯性（Harrington et al., 1998; Lewinsohn & Clarke, 1999）。負向思考亦與生活滿意度有所關聯。陳坤虎、周芸安（2015）結果亦顯示，正向思考分別於正負向心理健康指標有顯著的關聯，尤其是本土的少年樣本。顯見，正向思考不僅與生活幸福感有所關聯（Lightsey & Boyraz, 2011），同時亦與憂鬱有所關聯（Bruch, 1997）。

不論社會支持的來源（sources）是家人、朋友、教師和社會，或者支持的類型（types）是情緒性、工具性或訊息性，社會支持對於身心健康均具有很大的影響，這種影響或關係包括了主要與緩衝效果（Cohen, Gottlieb, & Underwood, 2000; Taylor, 2007），研究指出擁有社會支持愈多，感受到的身體安適愈好，心理安適也愈好；社會支持與憂鬱症狀、憂鬱的痊癒有密切的關聯，同時對於心理健康 問題具有保護的功能；尤其社會與文化資本較為弱勢的一群，亟需政府單位與民間 團體提供適時的協助，以減少心理疾病等問題產生。王國川、鍾鳳嬌(2014)提醒未來研究對於不同來源的社會支持，彼此的4個因素之間卻只有低度、中度的相關，因此，對青少年而言，來自於「家人親戚」、「朋友同學」、「老師或政府機構輔導人員」、「民間慈善團體人員」等不同來源的社會支持沒有辦法聚在一起，此結果也提醒運用此多向度社會支持量表，可分開來使用。高中生優勢力量為中上程度，表示本身以具備優勢力量之潛能，高中階段具有很高的可塑性，青少年在成長過程容易遭遇許多發展性的問題，如果僅僅消極地關注學生錯誤和弱點，只是去培養沒有問題的學生，並非教育的目的。諮商輔導相關工作者應該更積極地關注和建設學生的優勢和正面力量，提供更多機

會，培養有能力自己去創造幸福的學生，使正向優勢增加，以促進正向發展潛能，是不錯的方向。

近幾十年來心理學界開始重視正向的力量（Seligman & Csikszentmihalyi, 2000）。關於正向思考，除了正向自動化思考，也可以將正向思考擴及如樂觀、自我效能、希望感、正向幻覺等。過去相關的研究如，擁有正向思考的人是否有較多的正向情緒（Fredrickson & Cohn, 2008; Lightsey, 1994）；具有樂觀特質的病患，疾病的癒後是否較佳（Carver & Scheier, 2002）；樂觀的人是否比悲觀的人更勇於接受挑戰（Brissette, Scheier, & Carver, 2002）；自我效能高的人在面對壓力時，是否較能保持冷靜解決問題（Bandura, 1997）；運動場上，具有高希望感的運動員其表現是否優於低希望感者（Curry & Snyder, 2000）；正向幻覺能否促進心理健康（Taylor, Kemeny, Reed, Bower, & Gruenewald, 2000）。準此，不同種類的正向思考，它們在不同場域（例如：醫療、職場、學校……）對於個體的心理健康、身心適應扮演何種功能或角色，近年來，本土社會工作實務愈來愈重視正向管教與實務以利少年的正向發展，例如李孟蓉、劉燕萍（2020）以正向少年發展模式推動與社區互惠的少年社會工作實務；楊佩榮、張怡芬（2021）。正向少年發展於少年服務中心的應用。

本研究企圖在負向心理健康和少年正向發展之間，以社會支持與優勢力為調節效果。本研究另一項目的為探討青少年學校輔導或社會工作實務是否在負向情緒與正向發展之間扮演調節的角色。研究結果發現，社會支持種類與方式皆無法調節正向發展與心理健康的關係，此結果可能是抽樣原因，應為這些樣本不一定是接受社會服務的樣本，也可能未有接受輔導的支持服務。但研究發現(例如，陳坤虎、周芸安，2015）積極因應卻可以調節負向思考與心理健康之關係。進言之，積極因應不僅能緩衝負向思對於生活滿意度的負面衝擊，同時也能減緩負向思考對於憂鬱程度的傷害。陳坤虎、周芸安(2015研究結果可能意謂著，積極因應可以緩衝少年的負向思考對心理健康的衝擊，為他們帶來保護

的作用。更細緻地說,積極因應具有之調節功能似乎可將少年的負向思考或經驗,轉化或重新賦予正向的意義,以致能緩衝負向思考對於心理健康的負面衝擊。也就是說,當少年有「我不夠好」、「我對自己很失望」、「我到底出了什麼問題」、「有些事情必須改變」等負向思考時,具有積極因應特性之少年,他們並不會僅停留於將之視為困境與壓力,反而將之視為一種自我的目標與挑戰的堅毅力(Schwarzer & Knoll, 2003)。積極因應的獨特性便在於它並非反應性的因應(reactive coping)僅是被動地回應環境的壓力;也非預防性的因應(preventive coping)僅單純地預防威脅發生;更非那些逃避或自我放棄者,選擇退縮或放棄。相反的,少年若具有負向思考但積極因應之特性,他們雖覺得自己有所不足或有問題,卻似乎樂於以積極的方式去改變現況及解決問題。進而為自己帶來類似行為活化治療(behavior activation therapy)的效果(Dimidjian et al., 2006),使生活滿意度能維持在一定的水準,同時亦能減緩憂鬱程度的上升。

二、研究限制與建議

本研究最大限制在於研究樣本群僅以少年做為受試對象。由於少年正值青少年自我探索時期(Erikson, 1968),在探索不同的社會角色時或面對不同的情境時,他們的思考型態可能會有所變動,前一刻還能正向思考面對壓力,後一刻卻變成負向思考自我放棄。另外,在國中樣本的取樣上,原冀望能抽取港澳地區不同社經地區具有代表性的學校進行調查。然而,在考量學校行政配合度、本研究的人力資源及施測時間後,最後以立意取樣的方式,。此點為本研究樣本一大缺憾。準此,未來研究除了可選取另一群少年樣本(例如功課不好或弱勢少年)重複驗證(cross validation)本研究結果外,也可納入不同的樣本族群進行探討(例如:其他地區少年或大學生),並進行長期追蹤研究,以便更確立正向發展與心理健康之關係,以及兩兩的關係是否會隨時間的演進而產生動態性的變化。此外,本研究屬於量化研究,並以問卷調查法進行探討港澳少年心理健

康(負向情緒、生活困擾)、優勢力、社會支持與其正向發展之相關研究，各變項之測量均為自陳量表方式，且研究結果僅能以量化數據來表示，對問題本質無法有更深入的瞭解，所以未來研究者若能對受試者加入質性訪談，將能夠對研究結果更深入了解和使推論更加完整。

第五章　2019-2025兩岸三地青少年身心健康之連續研究

　　青少年身心健康之連續研究（sequential design）係為一生長研究方法，其研究目的為探討人類行為因年齡改變所產生的生長速率、順序、方向或形式以及探討影響人類行為生長的相關因素和瞭解這些因素彼此的關係。連續研究乃是將上列橫斷和縱貫兩種設計方法合為一種的研究方法。參與者的各組受試者，稱為同族群（cohort group），這些受試樣本是經抽樣過程選定的（如圖7-1），這些受試者在年齡上相差一定的歲數，例如，吾人在2004年進行研究時，選取十歲（1994年出生）、十五歲（1989年出生）及二十歲（1984年出生）的受試者，這是謂橫斷研究；然後每隔五年針對某一族群進行訪談，直到十歲的成長到二十歲，這是謂縱貫研究。當某一族群的年齡超過二十歲時則退出青少年研究，而再一次又抽取新的族群（研究時剛好是十歲），到了2009年時，只剩下十五歲及二十歲組，因此，研究者必須再抽取十歲（1999年出生），此時才能構成第二組的十歲、十五歲及二十歲組青少年，進行第二次的橫斷研究。而當2004年是十歲（1994年出生）及2009年是十歲（1999年出生），還有2014年也是十歲（2004年出生）是同期年齡的比較。連續研究設計的各成分列於圖5-1。

　　連續研究是橫斷比較和縱貫比較的聯合，它是一種非常強而有力的發展研究方法。它不但可以產生立即橫斷的比較，而且在五年或十年之後也可以產生縱貫的比較，此外也可以有相同年齡的族群比較（cohort comparison）。

　　使用這種方法不僅可以瞭解年齡的成長改變，還可以瞭解社會和歷史的因素造成之差異。發展的改變雖然千變萬化，但其研究方法仍是萬變不離其宗的，所以乃是以橫斷研究和縱貫研究為基礎。生長研究之各種方法的優缺點，如表5-1。

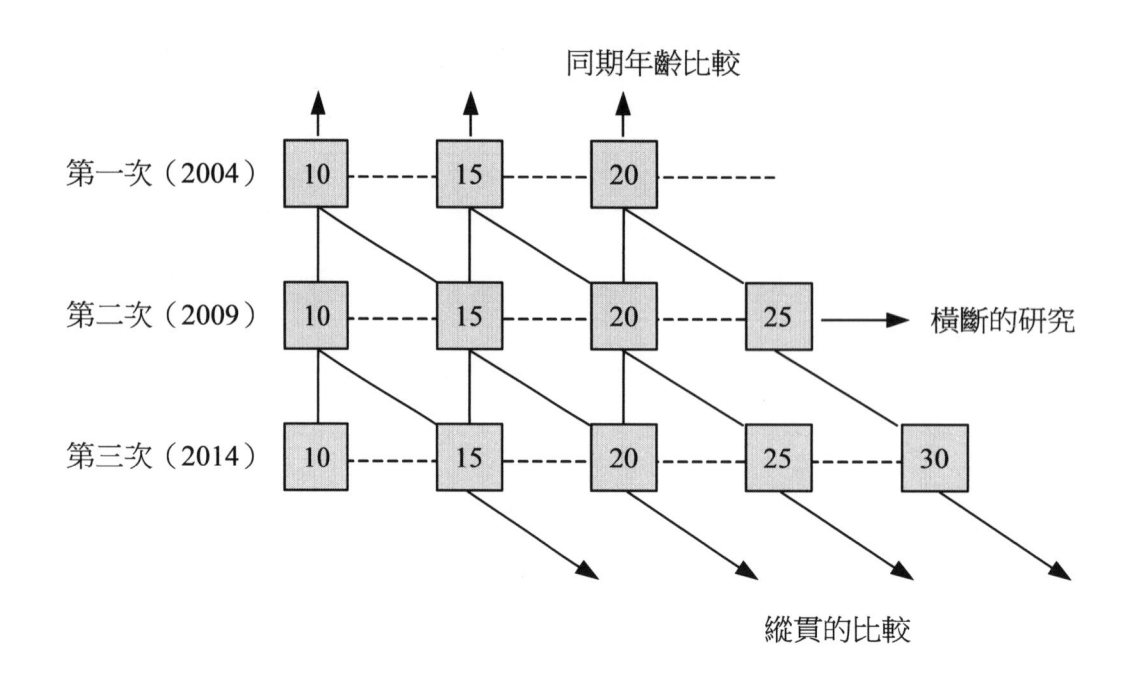

```
第一次（2004）    10 ---- 15 ---- 20                        同期年齡比較
第二次（2009）    10 ---- 15 ---- 20 ---- 25               橫斷的研究
第三次（2014）    10 ---- 15 ---- 20 ---- 25 ---- 30
                                                             縱貫的比較
```

圖 5-1　族群輻合研究

表 5-1　成長研究之各種研究方法的優缺點

種類	橫斷研究	縱貫研究	回溯研究	族群輻合研究
優點	1.經濟。 2.可由同一實驗者完成。 3.無重複施測之不良後果。 4.資料易處理。	1.能分析發展過程。 2.有因果關係。 3.能分析影響的時間與環境因素。	研究主題、現象已發生過，只能以回溯歷史資料研究。	為橫斷研究與縱貫研究之綜合。各組受試者為一族群，在固定時間階段內研究，當族群超過研究年齡、時間時，退出研究再取新樣本。
缺點	1.無法提供因果關係資料。 2.不顧及受試者個別差異。 3.未考慮時間與環境改變。	1.費時。 2.不經濟。 3.資料數據不易處理。 4.需以追溯方式來補充資料。	1.無法觀察。 2.只能驗證相關性，無法驗證因果關係。	

　　2019-2025 兩岸三地青少年身心健康之連續研究即是有橫斷比較和族群比較的聯合，它是一種非常強而有力的全人發展（life-span)研究方法；同時，其又比較兩岸三地的泛文化比較。它不但可以產生立即橫斷的比較，而且在三年之後也可以有相同年齡的族群比較（cohort comparison）。茲將連續研究之橫斷比較、族群比較及泛文化比較，分述如下：

壹、2019、2022、2025 年青少年負向情緒狀態及生活困擾之橫斷比較

一、2019 年澳門、台灣青少年負向情緒狀態及生活困擾之橫斷比較

(一)澳門地區

1.負向情緒狀態在教育程度之差異情形

負向情緒狀態變項在「教育程度」背景變項之差異性分析經由獨立樣本 t 檢定可以得知，在教育程度差異對壓力/緊張，$t_{(1,125)}$=-1.037，p=.330>.05，顯示壓力/緊張在教育程度未達顯著差異。在教育程度差異對焦慮，$t_{(1,125)}$=-1.975，p=.048<.05，顯示出焦慮在教育程度達顯著差異，發現 2019 年澳門地區教育程度為高中的學生對情緒焦慮狀態覺知高於教育程度為初中生的學生。在教育程度差異對抑鬱，$t_{(1,125)}$=.039，p=.969>.05，顯示出抑鬱在教育程度未達顯著差異（見表 5-2）。

表 5-2　2019 年負向情緒狀態在教育程度之獨立樣本 t 檢定分析摘要表

n =1,127

檢定變項	教育程度	個數	平均數	標準差	t 值	P 值
壓力/緊張	初中生	815	4.2982	3.89553	-1.037	.300
	高中生	312	4.5673	3.91246		
焦慮	初中生	815	5.4245	5.00946	-1.975	.048
	高中生	312	6.0929	5.27028		
抑鬱	初中生	815	3.5853	4.47046	.039	.969
	高中生	312	3.5737	4.40049		

2.生活困擾在教育程度之差異情形

生活困擾變項在「教育程度」背景變項之差異性分析經由獨立樣本 t 檢定可以得知，在教育程度差異對人際困擾，$t_{(1,125)}$=-2.851，p=.004<.01，顯示人際困擾在教育程度達顯著差異，發現 2019 年澳門地區教育程度為高中生的學生對人際困擾覺知高於教育程度為初中生的學生。在教育程度差異對學業困擾，$t_{(1,125)}$=2.949，p=.013<.05，顯示出學業困擾在教育程度達顯著差異，發現 2019 年澳門地區教育程度為初中生的學生對學業困擾覺知高於教育程度為高中生的學生（見表

5-3)。

表 5-3　2019 年生活困擾在教育程度之獨立樣本 t 檢定分析摘要表

n =1,127

檢定變項	教育程度	個數	平均數	標準差	t 值	P 值
人際困擾	初中生	815	7.1963	4.32361	-2.851	.004
	高中生	312	8.0096	4.18117		
學業困擾	初中生	815	2.1693	2.20248	2.949	.013
	高中生	312	1.8365	1.92351		

（二）台灣地區

1.負向情緒狀態在教育程度之差異情形

負向情緒狀態變項在「教育程度」背景變項之差異性分析經由獨立樣本 t 檢定可以得知，在教育程度差異對壓力/緊張，$t_{(997)}$＝1.253，p=.211>.05，顯示壓力/緊張在教育程度未達顯著差異。在教育程度差異對焦慮，$t_{(997)}$＝.282，p=.778>.05，顯示出焦慮在教育程度未達顯著差異。在教育程度差異對抑鬱，$t_{(997)}$＝.511，p=.609>.05，顯示出抑鬱在教育程度未達顯著差異（見表 5-4）。

表 5-4　2019 年負向情緒狀態在教育程度之獨立樣本 t 檢定分析摘要表

n =999

檢定變項	教育程度	個數	平均數	標準差	t 值	P 值
壓力/緊張	初中生	503	5.0239	4.83754	1.253	.211
	高中生	496	4.6532	4.50597		
焦慮	初中生	503	2.7475	3.67801	.282	.778
	高中生	496	2.6815	3.71610		
抑鬱	初中生	503	2.4095	3.97343	.511	.609
	高中生	496	2.2823	3.89314		

2.生活困擾在教育程度之差異情形

生活困擾變項在「教育程度」背景變項之差異性分析經由獨立樣本 t 檢定可以得知，在教育程度差異對人際困擾，$t_{(997)}$＝.940，p=.347>.05，顯示人際困擾在教育程度未達顯著差異。在教育程度差異對學業困擾，$t_{(997)}$＝-1.385，p=.166>.05，顯示出學業困擾在教育程度未達顯著差異（見表 5-5）。

表 5-5　2019年生活困擾在教育程度之獨立樣本 t 檢定分析摘要表

n =999

檢定變項	教育程度	個數	平均數	標準差	t值	P值
人際困擾	初中生	503	3.8072	3.60066	.940	.347
	高中生	496	3.5968	3.46858		
學業困擾	初中生	503	3.8032	2.74969	-1.385	.166
	高中生	496	4.0544	2.98126		

綜合2019年之橫斷比較，澳門高中生的焦慮比國中生高，其餘向度皆沒有差異，而台灣在負向情緒狀態及生活困擾之所有向度皆沒有差異。

二、2022年澳門、台灣、北京青少年負向情緒狀態及生活困擾之橫斷比較

(一)澳門地區

1. 負向情緒狀態在教育程度之差異情形

負向情緒狀態變項在「教育程度」背景變項之差異性分析經由獨立樣本 t 檢定可以得知，在教育程度差異對壓力/緊張，$t_{(2,391)}$=-3.902，p=.000<.001，顯示壓力/緊張在教育程度達顯著差異，發現 2022 年澳門地區教育程度為高中生的學生對情緒壓力/緊張狀態覺知高於教育程度為初中生的學生。在教育程度差異對焦慮，$t_{(2,391)}$=-3.255，p=.001<.01，顯示出焦慮在教育程度達顯著差異，發現 2022 年度澳門地區教育程度為高中的學生對情緒焦慮狀態覺知高於教育程度為初中生的學生。在教育程度差異對抑鬱，$t_{(2,391)}$=-1.355，p=.176>.05，顯示出抑鬱在教育程度未達顯著差異（見表5-6）。

表 5-6 2022年負向情緒狀態在教育程度之獨立樣本 t 檢定分析摘要表

n =2,393

檢定變項	教育程度	個數	平均數	標準差	t 值	P 值
壓力/緊張	初中生	1544	5.5097	4.45194	-3.902	.000
	高中生	849	6.2532	4.47484		
焦慮	初中生	1544	4.1101	4.21315	-3.255	.001
	高中生	849	4.6985	4.26050		
抑鬱	初中生	1544	4.0674	4.63712	-1.355	.176
	高中生	849	4.3357	4.63393		

2. 生活困擾在教育程度之差異情形

生活困擾變項在「教育程度」背景變項之差異性分析經由獨立樣本 t 檢定可以得知，在教育程度差異對人際困擾，$t_{(2,391)}$=-1.123，p=.262>.05，顯示人際困擾在教育程度未達顯著差異。在教育程度差異對學業困擾，$t_{(2,391)}$=-4.855，p=.000<.001，顯示出學業困擾在教育程度達顯著差異，發現 2022 年度澳門地區教育程度為高中的學生對學業困擾覺知高於教育程度為國中的學生（見表5-7）。

表 5-7　2022 年生活困擾在教育程度之獨立樣本 t 檢定分析摘要表

n =2,393

檢定變項	教育程度	個數	平均數	標準差	t 值	P 值
人際困擾	初中生	1544	4.3264	3.47657	-1.123	.262
	高中生	849	4.4923	3.42476		
學業困擾	初中生	1544	4.4313	3.01548	-4.855	.000
	高中生	849	5.0530	2.96254		

（二）台灣地區

1. 負向情緒狀態在教育程度之差異情形

　　負向情緒狀態變項在「教育程度」背景變項之差異性分析經由獨立樣本 t 檢定可以得知，在教育程度差異對壓力/緊張，$t_{(902)}$=-3.429，p=.001<.01，顯示壓力/緊張在教育程度達顯著差異，發現 2022 年台灣地區教育程度為高中生的學生對情緒壓力/緊張狀態覺知高於教育程度為初中生的學生。在教育程度差異對焦慮，$t_{(902)}$=-1.087，p=.071>.05，顯示出焦慮在教育程度未達顯著差異。在教育程度差異對抑鬱，$t_{(902)}$=-2.272，p=.023<.05，顯示出抑鬱在教育程度達顯著差異，發現 2022 年台灣地區教育程度為高中的學生對情緒抑鬱狀態覺知高於教育程度為初中生的學生（見表 5-8）。

表 5-8　2022 年負向情緒狀態在教育程度之獨立樣本 t 檢定分析摘要表

n =904

檢定變項	教育程度	個數	平均數	標準差	t 值	P 值
壓力/緊張	初中生	448	3.9888	4.44024	-3.429	.001
	高中生	456	5.0022	4.44379		
焦慮	初中生	448	2.4754	3.72780	-1.087	.071
	高中生	456	2.9276	3.79491		
抑鬱	初中生	448	2.2411	3.94026	-2.272	.023
	高中生	456	2.8596	4.23824		

2. 生活困擾在教育程度之差異情形

　　生活困擾變項在「教育程度」背景變項之差異性分析經由獨立樣本 t 檢定可以得知，在教育程度差異對人際困擾，$t_{(902)}$=-2.172，p=.030<.05，顯示人際困擾在教育程度達顯著差異，發現 2022 年台灣地區教育程度為高中的學生對人際困擾覺知高於教育程度為國中的學

生。在教育程度差異對學業困擾，t₍902₎=--4.604，p=.000<.001，顯示出學業困擾在教育程度達顯著差異，發現 2022 年度台灣地區教育程度為高中的學生對學業困擾覺知高於教育程度為國中的學生（見表 5-9）。

表 5-9　2022 年生活困擾在教育程度之獨立樣本 t 檢定分析摘要表

n =904

檢定變項	教育程度	個數	平均數	標準差	t 值	P 值
人際困擾	初中生	448	2.7701	3.15991	-2.172	.030
	高中生	456	3.2346	3.26752		
學業困擾	初中生	448	3.1228	2.94477	-4.604	.000
	高中生	456	4.0395	3.03941		

（三）北京地區

1.負向情緒狀態在教育程度之差異情形

負向情緒狀態變項在「教育程度」背景變項之差異性分析經由獨立樣本 t 檢定可以得知，在教育程度差異對壓力/緊張，t₍3,142₎=-3.516，p=.000<.001，顯示壓力/緊張在教育程度達顯著差異，發現 2022 年北京地區教育程度為高中生的學生對情緒壓力/緊張狀態覺知高於教育程度為初中生的學生。在教育程度差異對焦慮，t₍3,142₎=-1.959，p=.050>.05，顯示出焦慮在教育程度未達顯著差異。在教育程度差異對抑鬱，t₍3,142₎=-1.128，p=.260>.05，顯示出抑鬱在教育程度未達顯著差異（見表 5-10）。

表 5-10　2022 年負向情緒狀態在教育程度之獨立樣本 t 檢定分析摘要表

n =3,144

檢定變項	教育程度	個數	平均數	標準差	t 值	P 值
壓力/緊張	初中生	1545	3.9385	4.56822	-3.516	.000
	高中生	1599	4.5172	4.65757		
焦慮	初中生	1545	2.8848	3.90359	-1.959	.050
	高中生	1599	3.1570	3.88634		
抑鬱	初中生	1545	2.2997	3.89369	-1.128	.260
	高中生	1599	2.4553	3.84383		

2.生活困擾在教育程度之差異情形

生活困擾變項在「教育程度」背景變項之差異性分析經由獨立樣本 t 檢定可以得知，在教育程度差異對人際困擾，$t_{(3,142)}$ =-2.608，p=.007<.01，顯示人際困擾在教育程度達顯著差異，發現 2022 年北京地區教育程度為高中的學生對人際困擾覺知高於教育程度為國中的學生。在教育程度差異對學業困擾，$t_{(3,142)}$ =-7.453，p=.000<.001，顯示出學業困擾在教育程度達顯著差異，發現 2022 年度北京地區教育程度為高中的學生對學業困擾覺知高於教育程度為國中的學生（見表 5-11）。

表 5-11　2022 年生活困擾在教育程度之獨立樣本 t 檢定分析摘要表

n =3,144

檢定變項	教育程度	個數	平均數	標準差	t 值	P 值
人際困擾	初中生	1545	2.4466	3.26881	-2.608	.007
	高中生	1599	2.7667	3.42358		
學業困擾	初中生	1545	2.9942	3.02526	-7.453	.000
	高中生	1599	3.8318	3.27445		

綜合2022年之橫斷比較，兩岸三地在負向情緒狀態及生活困擾在負向情緒狀態及生活困擾大部分向度皆發現高中生比國中生高，然而澳門地區，在抑鬱及人際困擾方面，高中生與國中生高沒有差異；北京地區，在抑鬱方面，高中生與國中生高沒有差異。

三、2025年台灣、澳門、山西青少年負向情緒狀態及生活困擾之橫斷比較

（一）台灣青少年負向情緒狀態及生活困擾之橫斷比較

2025年台灣青少年負向情緒變項（狀態壓力/緊張、焦慮、抑鬱），在「教育程度」背景變項之差異性分析檢定得知，年級在高中生負向情緒狀態覺知高於國中生；生活困擾（人際、學業）與「教育程度」背景變項之差異性分析，發現國中生皆高於高中生。

（二）澳門青少年負向情緒狀態及生活困擾之橫斷比較

2025年澳門青少年負向情緒變項（壓力/緊張、焦慮、抑鬱），在「教育程度」背景變項之差異性分析檢定得知，高中生對負向情緒狀態覺知高於國中生。

（三）山西青少年負向情緒狀態及生活困擾之橫斷比較

2025年山西青少年負向情緒變項（狀態壓力/緊張、焦慮、抑鬱），在「性別」背景變項之差異性分析，發現中國內地女國中生皆高於男生。負向情緒狀態變項在「教育程度」背景變項之差異性分析檢定得知，年級在高中生負向情緒狀態覺知高於國中生。學業困擾在「性別」與「教育程度」背景變項之差異性分析，發現中國內地高中生皆高於國中生。

綜合2025年之橫斷比較，兩岸三地在負向情緒狀態及生活困擾在負向情緒狀態大部分向度皆發現高中生比國中生高，然而學業困擾發現中國內地高中生皆高於國中生，生活困擾在台灣則發現國中生皆高於高中生。

貳、2019、2022、2025年青少年負向情緒狀態及生活困擾之族群比較

一、2019、2022、2025年澳門地區初中生青少年負向情緒狀態及生活困擾之差異性分析

（一）負向情緒狀態在年度之差異情形

負向情緒狀態變項在「年度」背景變項之差異性分析經由獨立樣本單因子變異數分析 F 檢定可以得知，與年度差異對壓力/緊張，$F_{(2, 3804)}$=42.665，p=.000<.001，顯示壓力/緊張在年度達顯著差異，經 Scheffe 事後比較發現：澳門地區初中生在調查年度中發現 2025 年的初中生對情緒壓力/緊張狀態覺知高於調查年度在 2022 年的初中，也高於調查年度在 2019 年的初中生。在年度差異對焦慮，$F_{(2, 3804)}$=25.796，p=.000<.001，顯示出焦慮在年度達顯著差異，經 Scheffe 事後比較發現：澳門地區初中生在調查年度中發現，調查年度在 2019 年的初中生對情緒焦慮覺知高於調查年度在 2022 年的初中生；調查年度在 2019 年的初中生對情緒焦慮覺知高於調查年度在 2025 年的初中生。在年度差異對抑鬱，$F_{(2, 3804)}$=5.648，p=.000<.001，顯示出焦慮在年度達顯著差異，經 Scheffe 事後比較發現：澳門地區初中生在調查年度中發現，調查年度在 2022 年的初中生對情緒抑鬱覺知高於調查年度在 2019 年的初中生；調查年度在 2022 年的初中生對情緒抑鬱覺知高於調查年度在 2025 年的初中生（見表 5-12）。

表 5-12 澳門地區初中生負向情緒狀態在年度之單因子變異數分析摘要表

n=3,807

檢定變項	年度	個數	平均數	標準差	F值	P值	Scheffe 事後比較
壓力/緊張	2019年	815	4.2982	3.89553	42.665	.000	2025年>2022年>2019年
	2022年	1544	5.5097	4.45194			
	2025年	1448	6.0532	4.47607			
焦慮	2019年	815	5.4245	5.00946	25.796	.000	2019年>2022年；2019年>2025年
	2022年	1544	4.1101	4.21315			
	2025年	1448	4.3626	3.97197			

n=3,807

檢定變項	年度	個數	平均數	標準差	F值	P值	Scheffe事後比較
抑鬱	2019年	815	3.5853	4.47046	5.648	.004	2022年>2019年；2022年>2025年
	2022年	1544	4.0674	4.63712			
	2025年	1448	3.5635	4.29285			

（二）生活困擾在年度之差異情形

生活困擾變項在「年度」背景變項之差異性分析經由獨立樣本單因子變異數分析F檢定可以得知，與年度差異對人際困擾，$F_{(2, 3,804)}$=375.168，p=.000<.001，顯示人際困擾在年度達顯著差異，經Scheffe事後比較發現：年度為2019年的初中生對人際困擾覺知高於調查年度為2022年的初中生也高於調查年度為2025年的初中生。在年度差異對學業困擾，$F_{(2, 3,804)}$=172.137，p=.000<.001，顯示出焦慮在年度達顯著差異，經Scheffe事後比較發現：澳門地區的初中生在年度調查對學業困擾覺知在2022年初中生對學業困擾高於調查年度為2025年初中生，也高於調查年度為2019年的初中生（見表5-13）。

表5-13 澳門地區初中生生活困擾在年度之單因子變異數分析摘要表

n=3,807

檢定變項	年度	個數	平均數	標準差	F值	P值	Scheffe事後比較
人際困擾	2019年	815	7.1963	4.32361	375.168	.000	2019年>2022年>2025年
	2022年	1544	4.3264	3.47657			
	2025年	1448	2.9606	3.07528			
學業困擾	2019年	815	2.1693	2.20248	172.137	.000	2022年>2025年>2019年
	2022年	1544	4.4313	3.01548			
	2025年	1448	4.0946	3.12601			

二、2019、2022、2025 年澳門地區高中生青少年生活困擾及負向情緒狀態之差異性分析

（一）負向情緒狀態在年度之差異情形

負向情緒狀態變項在「年度」背景變項之差異性分析經由獨立樣本單因子變異數分析 F 檢定可以得知，與年度差異對壓力/緊張，$F_{(2, 2334)}$=27.551，p=.000<.001，顯示壓力/緊張在年度達顯著差異，經 Scheffe 事後比較發現：澳門地區的高中生在調查年度中發現年度為 2022 年的高中生對情緒狀態壓力/緊張覺知高於調查年度為 2019 年的青少年；調查年度中發現年度為 2025 年的高中生對情緒狀態壓力/緊張覺知高於調查年度為 2019 年的青少年。在年度差異對焦慮，$F_{(2, 2334)}$=11.897，p=.000<.001，顯示出焦慮在年度達顯著差異，經 Scheffe 事後比較發現：澳門地區的高中生在調查年度中發現調查年度為 2019 年的高中生情緒焦慮狀態覺知高於調查年度在 2022 年的高中生；調查年度中發現調查年度為 2019 年的高中生情緒焦慮狀態覺知高於調查年度在 2025 年的高中生。在年度差異對抑鬱，$F_{(2, 2334)}$=5.818，p=.003<.01，顯示出焦慮在年度達顯著差異，經 Scheffe 事後比較發現：澳門地區高中生在調查年度中發現調查年度為 2022 年的高中生對情緒抑鬱狀態覺知高於調查年度在 2019 年的高中生；調查年度為 2022 年的高中生對情緒抑鬱狀態覺知高於調查年度在 2025 年的高中生（見表 5-14）。

表 5-14　澳門地區高中生負向情緒狀態在年度之單因子變異數分析摘要表

n=2,337

檢定變項	年度	個數	平均數	標準差	F值	P值	Scheffe 事後比較
壓力/緊張	2019 年	312	4.5673	3.91246	27.551	.000	2022 年>2019 年；2025 年>2019 年
	2022 年	849	6.2532	4.47484			
	2025 年	1176	6.6888	4.63732			
焦慮	2019 年	312	6.0929	5.27028	11.897	.000	2019 年>2022 年；2019 年>2025 年
	2022 年	849	4.6985	4.26050			
	2025 年	1176	4.8622	4.33096			

檢定變項	年度	個數	平均數	標準差	F值	P值	Scheffe事後比較
抑鬱	2019年	312	3.5737	4.40049	5.818	.003	2022年>2019年；2022年>2025年
	2022年	849	4.3357	4.63393			
	2025年	1176	3.7296	4.24886			

n=2,337

（二）生活困擾在年度之差異情形

生活困擾變項在「年度」背景變項之差異性分析經由獨立樣本單因子變異數分析F檢定可以得知，與年度差異對人際困擾，$F_{(2, 2,334)}$=250.856，p=.000<.001，顯示人際困擾在年度達顯著差異，經Scheffe事後比較發現：澳門地區高中生在調查年度中發現，調查年度在2019年的高中生對人際困擾覺知高於調查年度在2022年的高中生也高於調查年度在2025年的高中生。在年度差異對學業困擾，$F_{(2, 2,334)}$=142.320，p=.000<.001，顯示出焦慮在年度達顯著差異，經Scheffe事後比較發現：澳門地區的高中生在調查年度中發現調查年度在2022年的高中生對學業困擾覺知高於調查年度為2025年的高中生也高於調查年度為2019年的高中生（見表5-15）。

表5-15　澳門地區高中生生活困擾在年度之單因子變異數分析摘要表

n=2,337

檢定變項	年度	個數	平均數	標準差	F值	P值	Scheffe事後比較
人際困擾	2019年	312	8.0096	4.18117	250.856	.000	2019年>2022年>2025年
	2022年	849	4.4923	3.42476			
	2025年	1176	3.1122	3.25422			
學業困擾	2019年	312	1.8365	1.92351	142.320	.000	2022年>2025年>2019年
	2022年	849	5.0530	2.96254			
	2025年	1176	4.2075	3.02660			

三、2019、2022、2025 年台灣地區初中生青少年生活困擾及負向情緒狀態之差異性分析

（一）負向情緒狀態在年度之差異情形

負向情緒狀態變項在「年度」背景變項之差異性分析經由獨立樣本單因子變異數分析 F 檢定可以得知，與年度差異對壓力/緊張，$F_{(2, 1628)}$=22.979，p=.000<.001，顯示壓力/緊張在年度達顯著差異，經 *Scheffe* 事後比較發現：台灣地區的初中生在調查年度中發現，調查年度為 2019 年的初中生對情緒壓力/緊張狀態覺知高於調查年度在 2022 年的初中生也高於調查年度在 2025 年的初中生。在年度差異對焦慮，$F_{(2, 1628)}$=.628，p=.534>.05，顯示出焦慮在年度未達顯著差異。在年度差異對抑鬱，$F_{(2, 1628)}$=.680，p=.507>.05，顯示出焦慮在年度未達顯著差異（見表 5-16）。

表 5-16 台灣地區初中生負向情緒狀態在年度之單因子變異數分析摘要表

n=1,631

檢定變項	年度	個數	平均數	標準差	F 值	P 值	Scheffe 事後比較
壓力/緊張	2019 年	503	5.0239	4.83754	22.979	.000	2019 年>2022 年>2025 年
	2022 年	448	3.9888	4.44024			
	2025 年	680	3.2485	4.15513			
焦慮	2019 年	503	2.7475	3.67801	.628	.534	
	2022 年	448	2.4754	3.72780			
	2025 年	680	2.6529	3.89443			
抑鬱	2019 年	503	2.4095	3.97343	.680	.507	
	2022 年	448	2.2411	3.94026			
	2025 年	680	2.5206	3.91435			

（二）生活困擾在年度之差異情形

生活困擾變項在「年度」背景變項之差異性分析經由獨立樣本單因子變異數分析 F 檢定可以得知，與年度差異對人際困擾，$F_{(2, 1628)}$=69.149，p=.000<.001，顯示人際困擾在年度達顯著差異，經 Scheffe 事後比較發現：台灣地區初中生在調查年度中發現，調查年度在 2025 年的初中生對人際困擾覺知高於調查年度在 2019 年的初中生也高於調查年度在 2022 年的初中生。在年度差異對學業困擾，$F_{(2, 1628)}$=13.017，p=.000<.001，顯示出焦慮在年度達顯著差異，經 Scheffe 事後比較發現：台灣地區的初中生在調查年

度中發現調查年度在 2019 年的初中生對學業困擾覺知高於調查年度為 2022 年的初中生；調查年度為 2025 年的初中生對學業困擾覺知高於調查年度為 2022 年的初中生（見表 5-17）。

表 5-17 台灣地區初中生生活困擾在年度之單因子變異數分析摘要表

n=1,631

檢定變項	年度	個數	平均數	標準差	F值	P值	Scheffe 事後比較
人際困擾	2019 年	503	3.8072	3.60066	69.149	.000	2025 年>2019 年>2022 年
	2022 年	448	2.7701	3.15991			
	2025 年	680	5.4191	4.31143			
學業困擾	2019 年	503	3.8032	2.74969	13.017	.000	2019 年>2022 年；2025 年>2022 年
	2022 年	448	3.1228	2.94477			
	2025 年	680	3.9426	2.55564			

四、2019、2022、2025 年台灣地區高中生青少年生活困擾及負向情緒狀態之差異性分析

（一）負向情緒狀態在年度之差異情形

負向情緒狀態變項在「年度」背景變項之差異性分析經由獨立樣本單因子變異數分析 F 檢定可以得知，與年度差異對壓力/緊張，$F_{(2,1615)}$=2.503，p=.082>.05，顯示壓力/緊張在年度未達顯著差異。在年度差異對焦慮，$F_{(2,1615)}$=.6.135，p=.002<.05，顯示出焦慮在年度達顯著差異，經 Scheffe 事後比較發現：台灣地區高中生在調查年度中發現，調查年度為 2025 年的高中生對情緒焦慮狀態高於調查年度為 2019 年的高中生。在年度差異對抑鬱，$F_{(2,1615)}$=.13.080，p=.000<.001，顯示出焦慮在年度達顯著差異，經 Scheffe 事後比較發現：台灣地區高中生在調查年度中發現，調查年度為 2025 年的高中生對情緒抑鬱狀態高於調查年度為 2019 年的高中生；調查年度為 2025 年的高中生對情緒抑鬱狀態高於調查年度為 2022 年的高中生（見表 5-18）。

表 5-18　台灣地區高中生負向情緒狀態在年度之單因子變異數分析摘要表

n=1,618

檢定變項	年度	個數	平均數	標準差	F 值	P 值	Scheffe 事後比較
壓力/緊張	2019 年	496	4.6532	4.50597	2.503	.082	
	2022 年	456	5.0022	4.44379			
	2025 年	666	5.2477	4.48592			
焦慮	2019 年	496	2.6815	3.71610	6.135	.002	2025 年>2019 年
	2022 年	456	2.9276	3.79491			
	2025 年	666	3.4550	4.00623			
抑鬱	2019 年	496	2.2823	3.89314	13.080	.000	2025 年>2019 年；2025 年>2022 年
	2022 年	456	2.8596	4.23824			
	2025 年	666	3.5616	4.51197			

（二）生活困擾在年度之差異情形

生活困擾變項在「年度」背景變項之差異性分析經由獨立樣本單因子變異數分析 F 檢定可以得知，與年度差異對人際困擾，$F_{(2, 1,615)}$=2.833，p=.059>.05，顯示人際困擾在年度未達顯著差異。在年度差異對學業困擾，$F_{(2, 1,615)}$=.383，p=.682>.05，顯示出焦慮在年度未達顯著差異（見表 5-19）。

表 5-19　台灣地區高中生生活困擾在年度之單因子變異數分析摘要表

n=1,618

檢定變項	年度	個數	平均數	標準差	F值	P值
人際困擾	2019 年	496	3.5968	3.46858	2.833	.059
	2022 年	456	3.2346	3.26752		
	2025 年	666	3.0841	4.05290		
學業困擾	2019 年	496	4.0544	2.98126	.383	.682
	2022 年	456	4.0395	3.03941		
	2025 年	666	3.9114	3.18827		

五、2022、2025年內地地區初中生生活困擾及負向情緒狀態之差異性分析

（一）負向情緒狀態在年度之差異情形

負向情緒狀態變項在「年度」背景變項之差異性分析經由獨立樣本 t 檢定可以得知，在年度差異對壓力/緊張，$t_{(2,460)}$=-2.639，p=.008<.01，顯示壓力/緊張在年度達顯著差異，發現調查年度在2025年的初中生對情緒壓力/緊張狀態覺知高於調查年度在 2022 年的初中生。在年度差異對焦慮，$t_{(2,460)}$=.110，p=.493>.05，顯示出焦慮在年度未達顯著差異。在年度差異對抑鬱，$t_{(2,460)}$=-.922，p=.376>.05，顯示出抑鬱在年度未達顯著差異（見表5-20）。

表 5-20　內地地區初中生負向情緒狀態在年度之獨立樣本 t 檢定分析摘要表

n =2,462

檢定變項	年度	個數	平均數	標準差	t 值	P 值
壓力/緊張	2022 年	1545	3.9385	4.56822	-2.639	.008
	2025 年	917	4.4406	4.55462		
焦慮	2022 年	1545	2.8848	3.90359	.110	.493
	2025 年	917	2.9978	4.03505		
抑鬱	2022 年	1545	2.2997	3.89369	.922	.376
	2025 年	917	2.1570	3.80378		

（二）生活困擾在年度之差異情形

生活困擾變項在「年度」背景變項之差異性分析經由獨立樣本 t 檢定可以得知，在年度差異對人際困擾，$t_{(2,460)}$=3.680，p=.000<.001，顯示人際困擾在年度達顯著差異，發現調查年度在 2022 年的初中生對人際困擾狀態覺知高於年度在調查年度在 2025 年的初中生。在年度差異對學業困擾，$t_{(2,460)}$=9.302，p=.000<.001，顯示出學業困擾在年度達顯著差異，發現調查年度在 2022 年的初中生對學業困擾覺知高於調查年度在 2025 年的初中生（見表 5-21）。

表 5-21　內地地區初中生生活困擾在年度之獨立樣本 t 檢定分析摘要表

n =2,462

檢定變項	年度	個數	平均數	標準差	t 值	P 值
人際困擾	2022 年	1545	2.4466	3.26881	3.680	.000
	2025 年	917	1.9378	3.39558		
學業困擾	2022 年	1545	2.9942	3.02526	9.302	.000
	2025 年	917	1.9455	2.49438		

六、2022、2025年內地地區高中生生活困擾及負向情緒狀態之差異性分析

（一）負向情緒狀態在年度之差異情形

負向情緒狀態變項在「年度」背景變項之差異性分析經由獨立樣本t檢定可以得知，在年度差異對壓力/緊張，$t_{(2,129)}$=-4.961，p=.000<.01，顯示壓力/緊張在年度達顯著差異，發現調查年度在2025年的高中生對情緒壓力/緊張狀態覺知高於調查年度在2022年的高中生。在年度差異對焦慮，$t_{(2,129)}$=-5.191，p=.000<.001，顯示出焦慮在年度達顯著差異，發現調查年度在2025年的高中生對情緒焦慮狀態覺知高於調查年度在2022年的高中生。在年度差異對抑鬱，$t_{(2,129)}$=-.2.921，p=.004<.01，顯示出抑鬱在年度達顯著差異，發現調查年度在2025年的高中生對情緒抑鬱狀態覺知高於調查年度在2022年的高中生（見表5-22）。

表5-22 內地地區高中生負向情緒狀態在年度之獨立樣本t檢定分析摘要表

n =4,597

檢定變項	年度	個數	平均數	標準差	t值	P值
壓力/緊張	2022年	1599	4.5172	4.65757	-4.961	.000
	2025年	532	5.6617	4.45972		
焦慮	2022年	1599	3.1570	3.88634	-5.191	.000
	2025年	532	4.1823	4.12272		
抑鬱	2022年	1599	2.4553	3.84383	-2.921	.004
	2025年	532	3.0188	3.88677		

（二）生活困擾在年度之差異情形

生活困擾變項在「年度」背景變項之差異性分析經由獨立樣本t檢定可以得知，在年度差異對人際困擾，$t_{(2,129)}$=.433，p=.665>.05，顯示人際困擾在年度未達顯著差異。在年度差異對學業困擾，$t_{(2,129)}$=2.860，p=.004<.01，顯示出學業困擾在年度達顯著差異，發現調查年度在2022年的高中生對學業困擾覺知高於調查年度在2025年的高中生（見表5-23）。

表5-23 內地地區高中生生活困擾在年度之獨立樣本t檢定分析摘要表

n =4,597

檢定變項	年度	個數	平均數	標準差	t值	P值
人際困擾	2022年	1599	2.7667	3.42358	.433	.665
	2025年	532	2.6917	3.57840		
學業困擾	2022年	1599	3.8318	3.27445	2.860	.004
	2025年	532	3.3835	3.08321		

綜合 2019、2022、2025 年兩岸三地青少年負向情緒狀態及生活困擾之族群比較，澳門國（初）中生及高中生在抑鬱和學業困擾，疫情時候（2022）年比疫情前後（2019、2025）來的高；然而在壓力/緊張覺知、焦慮和人際困擾，疫情時候（2022）年比疫情前後（2019、2025）來的低。台灣國（初）中生在壓力/緊張覺知及人際困擾，疫情時候（2022）年比疫情前後（2019、2025）來的低；然而台灣國高中生在焦慮和抑鬱，疫情後（2025）年比疫情前、中（2019、2022）來的高，人際困擾則無差異存在。中國內地初中生在壓力/緊張覺知及人際困擾，疫情時候（2022）年比疫情後（2025）來的高；中國內地高中生在負向情緒狀態發現疫情時候（2022）年比疫情後（2025）來的低；學業困擾則是疫情時候（2022）年比疫情後（2025）來的高。

參、2019、2022、2025 年兩岸三地青少年生活困擾及負向情緒狀態之泛文化比較

一、2019 年澳門、台灣地區初中生青少年生活困擾及負向情緒狀態之差異性分析

（一）負向情緒狀態在地區之差異情形

負向情緒狀態變項在「地區」背景變項之差異性分析經由獨立樣本 t 檢定可以得知，在地區差異對壓力/緊張，$t_{(1,316)}$ =-2.843，p=.005<.01，顯示壓力/緊張在地區達顯著差異，發現居住地在台灣的初中生對情緒壓力/緊張狀態覺知高於居住地區在澳門的初中生。在地區差異對焦慮，$t_{(1,316)}$ =11.146，p=.000<.001，顯示出焦慮在地區達顯著差異，發現居住地區在澳門的初中生對情緒焦慮狀態覺知高於居住地在台灣的初中生。在地區差異對抑鬱，$t_{(1,316)}$ =4.972，p=.000<.001，顯示出抑鬱在地區達顯著差異，發現居住地在澳門的初中生對情緒抑鬱狀態覺知高於居住地在台灣的初中生（見表 5-24）。

表 5-24　2019 年澳門、台灣地區初中生負向情緒狀態在地區之獨立樣本 t 檢定分析摘要表

n =2,462

檢定變項	地區	個數	平均數	標準差	t 值	P 值
壓力/緊張	澳門地區	815	4.2982	3.89553	-2.843	.005
	台灣地區	503	5.0239	4.83754		
焦慮	澳門地區	815	5.4245	5.00946	11.146	.000
	台灣地區	503	2.7475	3.67801		
抑鬱	澳門地區	815	3.5853	4.47046	4.972	.000
	台灣地區	503	2.4095	3.97343		

（二）生活困擾在地區之差異情形

生活困擾變項在「地區」背景變項之差異性分析經由獨立樣本 t 檢定可以得知，在地區差異對人際困擾，$t_{(1,316)}$ =15.536，p=.000<.001，顯示人際困擾在地區達顯著差異，發現居住地區在澳門的初中生對人際困擾覺知高於居住地在台灣的高中生。在地區差異對學業困擾，$t_{(1,316)}$ =-11.279， p=.000<.001,顯示出學業困擾在地區達顯著差異,發現居住地在台灣的初中生對學業困擾覺知高於居住地在澳門的初中生(見表5-25)。

表 5-25 2019 年澳門、台灣地區初中生生活困擾在地區之獨立樣本 t 檢定分析摘要表

n =2,462

檢定變項	地區	個數	平均數	標準差	t值	P值
人際困擾	澳門地區	815	7.1963	4.32361	15.356	.000
	台灣地區	503	3.8072	3.60066		
學業困擾	澳門地區	815	2.1693	2.20248	-11.279	.000
	台灣地區	503	3.8032	2.74969		

二、2019年澳門、台灣地區高中生青少年生活困擾及負向情緒狀態之差異性分析

（一）負向情緒狀態在地區之差異情形

負向情緒狀態變項在「地區」背景變項之差異性分析經由獨立樣本 t 檢定可以得知，在地區差異對壓力/緊張，$t_{(806)}$=-.286，p=.775>.05，顯示壓力/緊張在地區未達顯著差異。在地區差異對焦慮，$t_{(806)}$=9.979，p=.000<.001，顯示出焦慮在地區達顯著差異，發現居住地區在澳門的高中生對情緒焦慮狀態覺知高於居住地在台灣的高中生。在地區差異對抑鬱，$t_{(806)}$=4.243，p=.000<.001，顯示出抑鬱在地區達顯著差異，發現居住地區在澳門地區的高中生對情緒抑鬱狀態覺知高於居住地區在台灣的高中生（見表5-26）。

表5-26 2019年澳門、台灣地區高中生負向情緒狀態在地區之獨立樣本 t 檢定分析摘要表

n =4,597

檢定變項	地區	個數	平均數	標準差	t值	P值
壓力/緊張	澳門地區	312	4.5673	3.91246	-.286	.775
	台灣地區	496	4.6532	4.50597		
焦慮	澳門地區	312	6.0929	5.27028	9.979	.000
	台灣地區	496	2.6815	3.71610		
抑鬱	澳門地區	312	3.5737	4.40049	4.243	.000
	台灣地區	496	2.2823	3.89314		

（二）生活困擾在地區之差異情形

生活困擾變項在「地區」背景變項之差異性分析經由獨立樣本 t 檢定可以得知，在地區差異對人際困擾，$t_{(806)}$=15.574，p=.000<.001，顯示人際困擾在地區達顯著差異，發現居住地在澳門的高中生對人際困擾覺知高於居住地在台灣的高中生。在地區差異對學業困擾，$t_{(806)}$=-12.853，p=.000<.001，顯示出學業困擾在地區達顯著差異，發現居住地在台灣地區的高中生對學業困擾覺知高於居住地在澳門地區的高中生（見表5-27）。

表 5-27　2019 年澳門、台灣地區高中生生活困擾在地區之獨立樣本 t 檢定分析摘要表

n =4,597

檢定變項	地區	個數	平均數	標準差	t值	P值
人際困擾	澳門地區	312	8.0096	4.18117	15.574	.000
	台灣地區	496	3.5968	3.46858		
學業困擾	澳門地區	312	1.8365	1.92351	-12.853	.000
	台灣地區	496	4.0544	2.98126		

n.s 為無差異 P>.05

三、2022年兩岸三地初中生青少年生活困擾及負向情緒狀態之差異性分析

（一）負向情緒狀態在區域之差異情形

負向情緒狀態變項在「區域」背景變項之差異性分析經由獨立樣本單因子變異數分析 F 檢定可以得知，與區域差異對壓力/緊張，$F_{(2, 3534)}$=52.253，p=.000<.001，顯示壓力/緊張在區域達顯著差異，經 Scheffe 事後比較發現：居住地在澳門的初中生對情緒壓力/緊張狀態覺知高於居住地在北京地區的初中生；居住地在澳門的初中生對情緒壓力/緊張狀態覺知高於居住地在台灣地區的初中生。在區域差異對焦慮，$F_{(2, 3534)}$=48.497，p=.000<.001，顯示出焦慮在區域達顯著差異，經 Scheffe 事後比較發現：澳門地區初中生對情緒焦慮狀態覺知高於北京地區的初中生；澳門地區的初中生對情緒焦慮覺知高於台灣地區的初中生。在區域差異對抑鬱，$F_{(2, 3534)}$=76.779，p=.000<.001，顯示出焦慮在區域達顯著差異，經 Scheffe 事後比較發現：澳門地區的初中生對情緒抑鬱狀態覺知高於北京地區的初中生；澳門地區的初中生對情緒抑鬱的覺知高於台灣地區的初中生（見表 5-28）。

表 5-28　2022 年兩岸三地初中生負向情緒狀態在區域之單因子變異數分析摘要表

n=3,537

檢定變項	區域	個數	平均數	標準差	F值	P值	Scheffe 事後比較
壓力/緊張	北京地區	1545	3.9385	4.56822	52.253	.000	澳門地區>北京地區；澳門地區>台灣地區
	澳門地區	1544	5.5097	4.45194			
	台灣地區	448	3.9888	4.44024			
焦慮	北京地區	1545	2.8848	3.90359	48.497	.000	澳門地區>北京地區；澳門地區>台灣地區
	澳門地區	1544	4.1101	4.21315			
	台灣地區	448	2.4754	3.72780			
抑鬱	北京地區	1545	2.2997	3.89369	76.779	.000	澳門地區>北京地區；澳門地區>台灣地區
	澳門地區	1544	4.0674	4.63712			
	台灣地區	448	2.2411	3.94026			

（二）生活困擾在區域之差異情形

生活困擾變項在「區域」背景變項之差異性分析經由獨立樣本單因子變異數分析F檢定可以得知，與區域差異對人際困擾，$F_{(2, 3534)}$ =128.361，p=.000<.001，顯示人際困擾在區域達顯著差異，經 Scheffe 事後比較發現：居住地在澳門地區的初中生對人際困擾覺知高於居住地在北京地區的初中生；居住地在澳門地區的初中生對人際困擾覺知高於居住地在台灣地區的初中生。在區域差異對學業困擾，$F_{(2, 3534)}$ =95.478，p=.000<.001，顯示出焦慮在區域達顯著差異，經 Scheffe 事後比較發現：居住地在澳門地區的初中生對學業困擾覺知高於居住地在北京地區的初中生；居住地在澳門地區的初中生對學業困擾覺知高於居住地在台灣地區的初中生（見表 5-29）。

表 5-29　2022 年兩岸三地初中生生活困擾在區域之單因子變異數分析摘要表

n=3,537

檢定變項	區域	個數	平均數	標準差	F值	P值	Scheffe 事後比較
人際困擾	北京地區	1545	2.4466	3.26881	128.361	.000	澳門地區>北京地區；澳門地區>台灣地區
	澳門地區	1544	4.3264	3.47657			
	台灣地區	448	2.7701	3.15991			
學業困擾	北京地區	1545	2.9942	3.02526	95.478	.000	澳門地區>北京地區；澳門地區>台灣地區
	澳門地區	1544	4.4313	3.01548			
	台灣地區	448	3.1228	2.94477			

n.s 為無差異 P>.05

四、2022年兩岸三地高中生青少年生活困擾及負向情緒狀態之差異性分析

（一）負向情緒狀態在區域之差異情形

負向情緒狀態變項在「區域」背景變項之差異性分析經由獨立樣本單因子變異數分析 F 檢定可以得知，與區域差異對壓力/緊張，$F_{(2, 2901)}$=40.110，p=.000<.001，顯示壓力/緊張在區域達顯著差異，經 Scheffe 事後比較發現：居住地在澳門的高中生對情緒壓力/緊張狀態覺知高於居住地在北京地區的高中生；居住地在澳門的高中生對情緒壓力/緊張狀態覺知高於居住地在台灣地區的高中生。在區域差異對焦慮，$F_{(2, 2901)}$=48.540，p=.000<.001，顯示出焦慮在區域達顯著差異，經 Scheffe 事後比較發現：澳門地區高中生對情緒焦慮狀態覺知高於北京地區的高中生；澳門地區的高中生對情緒焦慮覺知高於台灣地區的高中生。在區域差異對抑鬱，$F_{(2, 2901)}$=57.577，p=.000<.001，顯示出焦慮在區域達顯著差異，經 Scheffe 事後比較發現：澳門地區的高中生對情緒抑鬱狀態覺知高於北京地區的高中生；澳門地區的高中生對情緒抑鬱的覺知高於台灣地區的高中生（見表 5-30）。

表 5-30　2022 年兩岸三地高中生負向情緒狀態在區域之單因子變異數分析摘要表

n=2,904

檢定變項	區域	個數	平均數	標準差	F 值	P 值	Scheffe 事後比較
壓力/緊張	北京地區	1599	4.5172	4.65757	40.110	.000	澳門地區>北京地區；澳門地區>台灣地區
	澳門地區	849	6.2532	4.47484			
	台灣地區	456	5.0022	4.44379			
焦慮	北京地區	1599	3.1570	3.88634	48.540	.000	澳門地區>北京地區；澳門地區>台灣地區
	澳門地區	849	4.6985	4.26050			
	台灣地區	456	2.9276	3.79491			
抑鬱	北京地區	1599	2.4553	3.84383	57.577	.000	澳門地區>北京地區；澳門地區>台灣地區
	澳門地區	849	4.3357	4.63393			
	台灣地區	456	2.8596	4.23824			

（二）生活困擾在區域之差異情形

生活困擾變項在「區域」背景變項之差異性分析經由獨立樣本單因子變異數分析 F 檢定可以得知，與區域差異對人際困擾，$F_{(2, 2901)}=71.711$，p=.000<.001，顯示人際困擾在區域達顯著差異，經 Scheffe 事後比較發現：居住地在澳門地區的高中生對人際困擾覺知高於居住地在台灣地區的高中生，也高於居住地區在北京地區的高中生。在區域差異對學業困擾，$F_{(2, 2901)}=42.587$，p=.000<.001，顯示出焦慮在區域達顯著差異，經 Scheffe 事後比較發現：居住地在澳門地區的高中生對學業困擾覺知高於居住地在北京地區的高中生；居住地在澳門地區的高中生對學業困擾覺知高於居住地在台灣地區的高中生（見表 5-31）。

表 5-31　2022 年兩岸三地高中生生活困擾在區域之單因子變異數分析摘要表

n=2,904

檢定變項	區域	個數	平均數	標準差	F 值	P 值	Scheffe 事後比較
人際困擾	北京地區	1599	2.7667	3.42358	71.711	.000	澳門地區>台灣地區>北京地區
	澳門地區	849	4.4923	3.42476			
	台灣地區	456	3.2346	3.26752			
學業困擾	北京地區	1599	3.8318	3.27445	42.587	.000	澳門地區>北京地區；澳門地區>台灣地區
	澳門地區	849	5.0530	2.96254			
	台灣地區	456	4.0395	3.03941			

五、2025年兩岸三地初中生青少年生活困擾及負向情緒狀態之差異性分析

（一）負向情緒狀態在區域之差異情形

負向情緒狀態變項在「區域」背景變項之差異性分析經由獨立樣本單因子變異數分析 F 檢定可以得知，與區域差異對壓力/緊張，$F_{(2, 3,042)}$=101.082，p=.000<.001，顯示壓力/緊張在區域達顯著差異，經 Scheffe 事後比較發現：居住地區在澳門地區的初中生對情緒壓力/緊張狀態覺知高於居住地區在北京的初中生，也高於居住地區在台灣的初中生。在區域差異對焦慮，$F_{(2, 3,042)}$=56.409，p=.000<.001，顯示出焦慮在區域達顯著差異，經 Scheffe 事後比較發現：澳門地區初中生對情緒焦慮狀態覺知高於北京地區的初中生；澳門地區的初中生對情緒焦慮覺知高於台灣地區的初中生。在區域差異對抑鬱，$F_{(2, 3,042)}$=37.522，p=.000<.001，顯示出焦慮在區域達顯著差異，經 Scheffe 事後比較發現：澳門地區的初中生對情緒抑鬱狀態覺知高於北京地區的初中生；澳門地區的初中生對情緒抑鬱的覺知高於台灣地區的初中生（見表 5-32）。

表 5-32　2025年兩岸三地初中生負向情緒狀態在區域之單因子變異數分析摘要表

n=3,045

檢定變項	區域	個數	平均數	標準差	F值	P值	Scheffe 事後比較
壓力/緊張	北京地區	917	4.4406	4.55462	101.082	.000	澳門地區>北京地區>台灣地區
	澳門地區	1448	6.0532	4.47607			
	台灣地區	680	3.2485	4.15513			
焦慮	北京地區	917	2.9978	4.03505	56.409	.000	澳門地區>北京地區；澳門地區>台灣地區
	澳門地區	1448	4.3626	3.97197			
	台灣地區	680	2.6529	3.89443			
抑鬱	北京地區	917	2.1570	3.80378	37.522	.000	澳門地區>北京地區；澳門地區>台灣地區
	澳門地區	1448	3.5635	4.29285			
	台灣地區	680	2.5206	3.91435			

（二）生活困擾在區域之差異情形

生活困擾變項在「區域」背景變項之差異性分析經由獨立樣本單因子變異數分析F檢定可以得知，與區域差異對人際困擾，$F_{(2, 3042)}$=201.840，p=.000<.001，顯示人際困擾在區域達顯著差異，經 Scheffe 事後比較發現：居住地區在台灣的初中生對人際困擾覺知高於居住地在澳門地區的初中生，也高於居住地區在北京地區的初中生。在區域差異對學業困擾，$F_{(2, 3042)}$=177.851，p=.000<.001，顯示出焦慮在區域達顯著差異，經 Scheffe 事後比較發現：居住地在澳門地區的初中生對學業困擾覺知高於居住地在北京地區的初中生；居住地在台灣地區的初中生對學業困擾覺知高於居住地在北京地區的初中生（見表5-33）。

表5-33 2025年兩岸三地初中生生活困擾在區域之單因子變異數分析摘要表

n=3,045

檢定變項	區域	個數	平均數	標準差	F值	P值	Scheffe 事後比較
人際困擾	北京地區	917	1.9378	3.39558	201.840	.000	台灣地區>澳門地區>北京地區
	澳門地區	1448	2.9606	3.07528			
	台灣地區	680	5.4191	4.31143			
學業困擾	北京地區	917	1.9455	2.49438	177.851	.000	澳門地區>北京地區；台灣地區>北京地區
	澳門地區	1448	4.0946	3.12601			
	台灣地區	680	3.9426	2.55564			

n.s 為無差異 P>.05

六、2025年兩岸三地高中生青少年生活困擾及負向情緒狀態之差異性分析

（一）負向情緒狀態在區域之差異情形

負向情緒狀態變項在「區域」背景變項之差異性分析經由獨立樣本單因子變異數分析 F 檢定可以得知，與區域差異對壓力/緊張，$F_{(2,2370)}$=23.861，p=.000<.001，顯示壓力/緊張在區域達顯著差異，經 Scheffe 事後比較發現：居住地區在澳門地區的高中生對情緒壓力/緊張狀態覺知高於居住地區在北京的高中生；居住地區在澳門地區的高中生對情緒壓力/緊張狀態覺知高於居住地區在台灣地區的高中生。在區域差異對焦慮，$F_{(2,2370)}$=24.411，p=.000<.001，顯示出焦慮在區域達顯著差異，經 Scheffe 事後比較發現：居住地在澳門地區的高中生對情緒焦慮狀態覺知高於居住地在北京地區的高中生，也高於居住地在台灣的高中生。在區域差異對抑鬱，$F_{(2,2370)}$=5.159，p=.006<.01，顯示出焦慮在區域達顯著差異，經 Scheffe 事後比較發現：澳門地區的高中生對情緒抑鬱狀態覺知高於北京地區的高中生（見表 5-34）。

表 5-34　2025年兩岸三地高中生負向情緒狀態在區域之單因子變異數分析摘要表

n=2,373

檢定變項	區域	個數	平均數	標準差	F值	P值	Scheffe 事後比較
壓力/緊張	北京地區	532	5.6617	4.45972	23.861	.000	澳門地區>北京地區；澳門地區>台灣地區
	澳門地區	1176	6.6888	4.63732			
	台灣地區	665	5.2451	4.48878			
焦慮	北京地區	532	4.1823	4.12272	24.411	.000	澳門地區>北京地區>台灣地區
	澳門地區	1176	4.8622	4.33096			
	台灣地區	665	3.4496	4.00688			
抑鬱	北京地區	532	3.0188	3.88677	5.159	.006	澳門地區>北京地區
	澳門地區	1176	3.7296	4.24886			
	台灣地區	665	3.5564	4.51339			

（二）生活困擾在區域之差異情形

生活困擾變項在「區域」背景變項之差異性分析經由獨立樣本單因子變異數分析 F 檢定可以得知，與區域差異對人際困擾，$F_{(2, 2370)}=2.723$，p=.066>.05，顯示人際困擾在區域未達顯著差異。在區域差異對學業困擾，$F_{(2, 2370)}=13.097$，p=.000<.001，顯示出焦慮在區域達顯著差異，經 Scheffe 事後比較發現：居住地在澳門地區的高中生對學業困擾覺知高於居住地在北京地區的高中生；居住地在台灣地區的高中生對學業困擾覺知高於居住地在北京地區的高中生（見表 5-35）。

表 5-35　2025 年兩岸三地高中生生活困擾在區域之單因子變異數分析摘要表

n=2,373

檢定變項	區域	個數	平均數	標準差	F 值	P 值	Scheffe 事後比較
人際困擾	北京地區	532	2.6917	3.57840	2.723	.066	
	澳門地區	1176	3.1122	3.25422			
	台灣地區	665	3.0782	4.05310			
學業困擾	北京地區	532	3.3835	3.08321	13.097	.000	澳門地區>北京地區；台灣地區>北京地區
	澳門地區	1176	4.2075	3.02660			
	台灣地區	665	3.9113	3.19067			

綜合 2019、2022、2025 年兩岸三地青少年生活困擾及負向情緒狀態之泛文化比較，在 2019 年，國（初)中生在壓力/緊張覺知與學業困擾，台灣高於澳門，其餘在焦慮、抑鬱和人際困擾，則是澳門高於台灣；高中生在焦慮、抑鬱和人際困擾，澳門高於台灣；高中生在學業困擾，台灣高於澳門。在 2022 年，澳門國（初)中生在負向情緒狀態及生活困擾之各項度皆分別高於台灣及北京，台灣及北京則不相上下。澳門高中生在負向情緒狀態之各項度皆分別高於台灣及北京，但在人際困擾皆分別低於台灣及北京，而學業困擾北京皆分別低於台灣及澳門。在 2025 年，澳門國（初)中生在負向情緒狀態及生活困擾之各項度皆分別高於台灣及北京，台灣及北京則不相上下。在學業困擾北京皆分別低於台灣及澳門。

參考文獻

一、中文部分

王文科（2002）教育研究法（第7版）。臺北：五南圖書

王玉珍、李宜玫、吳清麟（2019）。青少年優勢力量表之發展研究。教育心理學報，50（3），503-528。

王國川、鍾鳳嬌（2014）多向度社會支持量表之心理計量特質探討—以遭受莫拉克風災青少年為例。中華心理學刊，56，3，291-311。

賴暐鋼（2023）。同伴動物依附與青少年正向發展及憂鬱情緒相關性之探討。國立臺灣師範大學社會工作學研究所碩士論文，未出版。

李孟蓉、劉燕萍（2020）。以正向少年發展模式推動與社區互惠的少年社會工作實務。臺大社會工作學刊，41，57-98。

李耀全（2010）。青少年正面發展（PYD）與正向心靈輔導與牧養。香港崇基神學院第16期。

郭靜晃（2019）少年心理健康之影響因子探討—澳門與台灣之評析。澳門身心健康研討會。

陳坤虎、周芸安（2015）。青少年正負向思考與心理健康之關係—積極因應與拖延習慣調節效果之探討。中華心理學刊，57卷，4期，373-388。

黃惠如（2008）。青少年身心健康與親子關係大調查。康健雜誌。取自：https://www.commonhealth.com.tw/article/article.action?nid=65464。

楊佩榮、張怡芬（2021）。正向少年發展於少年服務中心的應用：理論內涵與實務操作之對應。臺灣社會工作學刊，24，115-138。

羅暐翔（2009）。國中學生發展性資產與吸菸意向及吸菸行為之相關研究。臺灣師範大學健康促進與衛生教育學系在職進修碩士論文。

黃芳銘（2006）：結構方程模式理論與應用。台北：五南。

二、英文部分

Achenbach, T. M. & Edelbrock, C. S.（1981). Behavioral problems and competencies reported by parents of normal and disturbed children aged four through sixteen. Monographs of the Society for Research in Child Development, 46, 1.

Bandura, A.（1997). Self-efficacy: The exercise of control. New York, NY: Freeman.

Bagozzi, R. P., & Yi, Y.（1988). On the evaluation of structural equation models. Journal of the Academic of Marketing Science, 16（1), 76-94. DOI: 10.1177/009207038801600107

Hair, J. F., Anderson, R. E., Tatham, R. L., & Black, W. C.（1998). Multivariate data analysis（5th ed.). Englewood Cliffs, NJ: Prentice-Hall.

Benson, P. L.（1997). All Kids Are Our Kids. San Francisco, CA: Jossey-Bass, Inc.

Benson, P. L.（1998). Mobilizing communities to promote developmental assets: A promising strategy for the prevention of high-risk behaviors. Family Science Review, 11（3), 220–238.

Benson, P. L., Leffert, N., Scales, P. C., & Blyth, D.（1998). Beyond the village rhetoric: Creating healthy communities for children and youth. Applied Developmental Science, 2（1), 138-159.

Brissette, I., Scheier, M. F., & Carver, C. S.（2002). The role of optimism in social network development, coping, and psychological adjustment during a life transition. Journal of Personality and Social Psychology, 82, 102-111.

Bronfenbrenner, U.（1979). The ecology of human development. Cambridge, MA: Harvard University Press.

Bruch, M. A.（1997). Positive thoughts or cognitive balance as a moderator of the negative life events dysphoria relationship: A reexamination. Cognitive Therapy and Research, 21, 25-38.

Carver, C. S., & Scheier, M. F. (2002). Optimism. In C. R. Snyder & S. J. Lopez (Eds.), The handbook of positive psychology (pp. 231-243). New York, NY: Oxford University Press.

Cohen, S., Gottlieb, B. H., & Underwood, L. G. (2000). Social relationships and health. In S. Cohen, L. G. Underwood, & B. H. Gottlieb (Eds.), Social support, measurement and intervention: A guide for health and social scientists (pp. 3-25). Oxford, UK: Oxford University Press.

Curry, L. A., & Snyder, C. R. (2000). Hope takes the field: Mind matters in athletic performances. In C. R. Snyder (Ed.), Handbook of hope: Theory, measures, and applications (pp. 243-259). San Diego, CA: Academic Press.

Dimidjian, S., Hollon, S. D., Dobson, K. S., Schmaling, K. B., Kohlenberg, R. J., Addis, M. E., ... Jacobson, N. S. (2006). Randomized trial of behavioral activation, cognitive therapy, and antidepressant medication in the acute treatment of adults with major depression. Journal of Consulting and Clinical Psychology, 74, 658-670.

Erikson, E. H. (1963). Childhood and society. New York: W. W. Norton and Company.

Essau C. A., Lewinsohn P. M., Olaya B., Seeley J. R. (2014). Anxiety disorders in adolescents and psychosocial outcomes at age 30. J Affect Disord 163: 125–132.

Fredrickson, B. L., & Cohn, M. A. (2008). Positive emotions. In M. Lewis, J. M. Haviland-Jones, & L. F. Barrett (Eds.), Handbook of emotions (3rd ed., pp. 777 796). New York, NY: Guilford Press.

Geldhof, G. J., Bowers, E. P., Boyd, M. J., Mueller, M. K., Napolitano, C. M., Schmid, K. L., Lerner, J. V., & Lerner, R. M. (2014). Creation of short and very short measures of the five Cs of positive youth development. Journal of research on adolescence, 24 (1), 163-176.

Bowers, E. P., Li, Y., Kiely, M. K., Brittian, A., Lerner, J. V., & Lerner, R. M. (2010). The five Cs model of positive development: A longitudinal analysis of confirmatory factor structure and measurement invariance. Journal of youth adolescence, 39, 720-735.

Harrington, R., Whittaker, J., & Shoebridge, P. (1998). Psychological treatment of depression in children and adolescents: A review of treatment research. British Journal of Psychiatry, 173, 291-298.

Larson, R. W., Clore, G. L., & Wood, G. A. (1999). The emotions of romantic relationships: Do they wreak havoc on adolescents? In W. Furman, B. B. Brown, & C. Feiring (Eds.), The development of romantic relationships in adolescence (pp.19–49). Cambridge University Press.

Lazarus & Folkman (1984). Stress, appraisal, and coping. New York: Springer., Psychology, 7 (14), 95-105.

Lerner, R. M. (2005). Promoting positive youth development: Theoretical and empirical bases. White paper prepared for Workshop on the Science of Adolescent Health and Development, National Research Council, Washington, DC.

Lerner, R. M., Fisher, C. B., & Anderson, P. M. (2000). Toward a science for and of the people: Promoting civil society through the application of developmental science. Child development, 71, 11-20.

Lewinsohn PM, Clarke GN, Seeley JR, Rohde P. (1999) Major depression in community adolescents: age at onset, episode duration, and time to recurrence. J Am Acad Child Adolesc Psychiatry. 33 (6):809–18.

Lightsey, O. R., & Boyraz, G. (2011). Do positive thinking and meaning mediate the positive affect life satisfaction relationship?Canadian Journal of Behavioral Science, 43, 203-213.

Masten, A. S., Best, K. M., & Garmezy, N. (1990). Resilience and development: Contributions from the study of children who overcome adversity. Development and Psychopathology, 2, 425-444.

Schwarzer, R., & Knoll, N. (2003). Positive coping: Mastering demands and searching for meaning. In S. J. Lopez & C. R. Snyder (Eds.), Positive psychological assessment: A handbook of models and measures (pp. 393-409). Washington, DC: American Psychological Association.

Seligman, M. E. P., & Csikszentmihalyi, M. (2000). Positive psychology: An introduction. American Psychologist, 55 (1), 5-14.

Taylor, S. E. (2007). Social support. In H. S. Friedman & R. C. Silver (Eds.), Foundations of health psychology (pp. 145-171). New York: Oxford University Press.

Taylor, S. E., Kemeny, M. E., Reed, G. M., Bower, J. E., & Gruenewald, T. L. (2000). Psychological resources, positive illusions, and health. American Psychologist, 55, 99-109.

World Health Organization [WHO] (2018). Adolescent mental health. Retrieved Mar 21, 2020, from https://www.who.int/news-room/factsheets/detail/adolescent-mental-health .

Yates, M. & Youniss, J. (1996). Community service and political and moral identity development in adolescence. The Journal of Research on Adolescence, 6, 271-283.

從生態理論觀點的社會支持與個人優勢調節少年身心健康與正向發展之關係研究——以澳門為例

作　　者／羅寶珍
出　版　者／揚智文化事業股份有限公司
發　行　人／葉忠賢
地　　址／新北市深坑區北深路三段258號8樓
電　　話／(02)8662-6826
傳　　真／(02)2664-7633
網　　址／http://www.ycrc.com.tw
　E-mail／service@ycrc.com.tw
ＩＳＢＮ／978-986-298-451-2
初版一刷／2025年7月
定　　價／新台幣500元

＊本書如有缺頁、破損、裝訂錯誤，請寄回更換＊

國家圖書館出版品預行編目（CIP）資料

從生態理論觀點的社會支持與個人優勢調節少年身心健康與正向發展之關係研究：以澳門為例 = Macao youth psychophysical health and positive development : social support and personal strength as mediators/羅寶珍著. -- 初版. -- 新北市：揚智文化事業股份有限公司, 2025.07
　　面；　公分

ISBN 978-986-298-451-2（平裝）

1.CST: 少年　2.CST: 青少年心理　3.CST: 青少年問題　4.CST: 比較研究　5.CST: 澳門特別行政區

544.67　　　　　　　　　　　　114010358